阅读
易读

东莞图书馆　编

南方日报出版社
NANFANG DAILY PRESS
中国·广州

图书在版编目（CIP）数据
阅读易读 / 东莞图书馆编. -- 广州 : 南方日报出版社，2021.12
ISBN 978-7-5491-2501-2

Ⅰ. ①阅… Ⅱ. ①东… Ⅲ. ①图书馆－读书活动－研究 Ⅳ. ①G252.17

中国版本图书馆 CIP 数据核字(2021)第 263505 号

YUEDU YIDU
阅读易读

编　　者：东莞图书馆
出版发行：南方日报出版社
地　　址：广州市广州大道中 289 号
出 版 人：周山丹
责任编辑：张　高
装帧设计：肖晓文
责任校对：肖　颖
责任技编：王　兰
经　　销：全国新华书店
印　　刷：广州市岭美文化科技有限公司
开　　本：787mm×1092mm　1/16
印　　张：13.25
字　　数：120 千字
版　　次：2021 年 12 月第 1 版
印　　次：2021 年 12 月第 1 次印刷
定　　价：68.00 元

投稿热线：（020）87360640　　读者热线：（020）87363865
发现印装质量问题，影响阅读，请与承印厂联系调换。

前言
PREFACE

自全民阅读活动开展以来，图书馆界积极行动，成立阅读推广委员会，发挥各级各类图书馆的资源、环境和人才优势，举办形式多样、内容丰富的阅读推广活动，培育社会阅读风尚，营造社会阅读氛围，逐步成为全民阅读的生力军，将推动、引导、服务全民阅读作为主要任务，并发挥着越来越重要的作用。在图书馆众多的阅读推广活动中，导读作为图书馆的一种传统推广方式，因其在资源推荐、阅读引导、书目规范等方面的专业优势，在全民阅读时代焕发出新的活力。以导读为目的，各图书馆纷纷编辑阅读推广读物，受到读者青睐，一度蔚为大观，甚至发展成为图书馆阅读推广的服务品牌，成为一种行之有效的阅读推广手段，助力全民阅读。

《易读》是东莞图书馆策划和推出的阅读推广读物，于2011年“4·23”世界读书日问世。“易”即“生生”，生生不息则长久、永恒。名之《易读》，其意有三：一为在读文与读图、影像与声音、数字与纸书共存共生的时代，阅读愈发简单、易得；二为阅读时尚与阅读潮流正大步奔向“e读”，让我们尽情拥抱数字阅读时代；三为阅读载体在变，但阅读之风永恒。《易读》旨在倡导全民阅读，倡导将阅读作为个人的一种常态生活，将阅读作为图书馆的一项永恒事业。《易读》立足东莞图书馆，聚焦阅读：关注阅读的现实话题，搜寻阅读的历史脉络，推介书人、书事，分享书话、书评，撮要评析最新图书，组织相应专题书目。同时，开展主题策划，每期关注一个贴近当下的文化热点，围绕热点的不同侧面，组织原创文章，以期激发思考和阅读。《易读》甫一面世，其丰富、生动的内容和清新、雅致的装帧，就得到读者的认可，成为图书馆与阅读界、书业界、读者之间一方小而美的交流平台。

时光荏苒，一转眼，《易读》已创办十年。十年来，《易读》用一本书影响一个人，一个人影响一群人，一份读物影响更多的读物，共同创造阅读生活。十年来，《易读》前进的步伐从未停止，从东莞出发，走向全国。其雅致的风格、便携的开本、原创与选摘相结合的编辑方式，为国内图书馆同行所学习、所借鉴、所效仿，对嗣后创办的一些阅读推广类读物产生了广泛的影响。《易读》植根东莞，喜爱它的读者遍布全国20多个省、直辖市和自治区，获得社会和同行的认可：2014年被评为中国图书馆阅读推广类“十佳内刊内报”；2016年获得中国图书馆学会阅读推广案例一等奖。

《易读》十年，是一本内部读物的成长史，也是东莞图书馆践行阅读理念、作育城市阅读氛围的见证，更是全国图书馆与阅读推广事业蓬勃发展的映射。

读者的呵护、社会各界的支持、图书馆的努力，《易读》走过扎实的十年。十年小结，更增长了我们服务社会、服务书香东莞、服务书香中国的信心。

正值《易读》十年之际，东莞图书馆开展了多项推广活动，整理《易读》，宣传《易读》，推广阅读。4月23日，设计制作“《易读》十年”大型展览，全面梳理《易读》十年发展历程，回眸《易读》每一期精彩瞬间，记录《易读》的阅读推广行动和社会影响，打捞阅读记忆，重温阅读美好，聆听阅读社会各路声音。展览历时一个多月，受到众多读者关注和喜爱，他们纷纷留言，表达对《易读》的祝福。我们还将展览成果整理成册，编成《易读十年展》，再现展览内容，记录展览现场。

《易读》因阅读而生，关注阅读，引导阅读，推广阅读是《易读》的使命和恒久的初心。为此，我们又策划和编辑《易读》2021年特刊——《阅读易读》，作为《易读》十年系列推广活动之一。全书包括八个部分："特稿 百岁文化老人谈读书""阅读推广""纸质温度""十年问学""我这十年""我读《易读》""我编《易读》""《易读》回眸"，进一步思考图书馆在全民阅读中的价值，追寻大时代纸质阅读的意义，见证阅读塑造一个人精神史的力量。《阅读易读》是对《易读》十年坚守阅读、传递墨香之历程的纪念，也是我国全民阅读蓬勃发展的印迹，记录了读者和编者对《易读》之爱及其行走在阅读路上的快乐之心，并从中积蓄力量，重新出发。

《阅读易读》的编辑与出版，得到了多位专家、学者、作家以及《易读》读者的大力支持，他们在百忙之中应约撰稿。特别是百岁文化老人杨苡先生不计名利，一如过去对《易读》的厚爱，慨然将三篇读书旧稿供我们选用。在此，向杨苡先生和为本书供稿的专家、学者、作家以及《易读》的读者表示诚挚谢意！为本书的顺利出版，南方日报出版社领导和编辑付出了大量心血和劳动，在此亦致以衷心的谢忱。

时代越来越快，但总有慢行者。数字阅读已成时尚，纸质读物芳香依旧，数字与纸本和谐共生，阅读正散发出愈发动人的魅力。《易读》守望十年，为一切爱阅读的人积攒人间温度，还将继续守望下去，不改初心。

阅读通往品质生活，城市阅读是东莞品质文化之都建设题中之义。阅读，在路上。《易读》，又出发。

李东来

2021年11月

目录
CONTENTS

十年问学

我这十年

我读《易读》

我编《易读》

《易读》回眸

特稿　百岁文化老人谈读书

呼啸岁月，百年人生；大家之风，润物无声。蒙杨苡先生厚爱，本刊屡次得到先生及其女儿的撰稿支持。她不计名利的长者胸怀，让编辑们备受感动和鼓舞。创刊十周年之际，特以此专辑向百岁文化老人表达敬意。

编者按:

《易读》向得著名翻译家百岁人瑞杨苡、艺术家赵蘅先生母女青眼，屡蒙赐稿并俯允为“易读问”嘉宾。值此《易读》创刊十年之顷，杨老授权哲媛赵先生，转赐溯忆少年读书之旧稿三篇供敝刊选用。三文居首刊发，以介杨老眉寿，以飨《易读》读者，并祈阅读未来：“如月之恒，如日之升。如南山之寿，不骞不崩。如松柏之茂，无不尔或承。”

杨苡，原名杨静如。1919年9月生于天津。1927年至1937年就读于天津中西女校附小及中学部。1937年开始文学创作。著有诗歌、剧评、短篇小说、散文等。1937年保送入南开大学中文系。因七七事变后南开大学迁校昆明，1938年赴昆明入西南联大外文系，并加入全国抗敌文协云南分会。中国作家协会会员，二十世纪八十年代以来曾任南京文联副主席、委员，南京市作协常务理事，江苏省作协终生顾问。

代表文学作品：儿童诗《自己的事自己做》，散文集《青青者忆》《魂兮归来》。

译著：《永远不会落的太阳》、《俄罗斯性格》、《伟大的时刻》、《呼啸山庄》、《我赤裸裸的来》（与友人合译）、《天真与经验之歌》、《兄妹译诗》。曾获南京市政府首届文艺荣誉奖；《呼啸山庄》被列为全国优秀畅销图书之一，获南京市文联金陵文学翻译奖；《天真与经验之歌》获江苏作协首届紫金山文学翻译奖；2019年荣获南京市政府终生成就奖。

莫等闲白了少年头

杨 苡

当我还是一个初中生时，我开始喜欢留一本纪念册，我请老师和同学们留下他们给我的祝福，写点什么或画点什么，作为永恒的纪念。有一位被我们这些调皮的女孩子戏称为“老王先生”的国文老师，是我们女校的元老，他只讲古文诗词，叫我们用毛笔小楷写作文，经常为了我们这些喜欢读白话文写新诗的女孩子在课堂上嘻嘻哈哈而皱眉头。他用改作文的毛笔蘸着红墨水在我的纪念册上画了一幅红竹，画的可真棒！我道谢之后，回家看来看去，原来画的是用竹子组成的几个字：“莫等闲白了少年头！”

那时我可真有点抵触情绪，我认为一天上好几堂课，忙得够呛，哪儿会“闲白少年头”？虽然我非常喜欢岳飞的《满江红》，但我总不会有“空悲切”这一天吧！

但如今我早已年过古稀，风烛残年想起往事，宛如过眼云烟，的确深深感到自己不知浪费过多少时光。俗话说：“一寸光阴一寸金”，不知不觉中我不知丢弃过多少金子！我的“虚度年华”有的当然是历史原因，但还是律己不严的。

这个世界拥有那么多宝贵的书籍，真是书海浩瀚，学问无穷，而我竟没有读过多少书！于是我开始羡慕如今的中学生，羡慕他们的双休日。如果我是一个语文老师，我要请我的可爱的学生们写一篇“我是怎样度过我的双休日”的作文！

你是否很好地利用你宝贵的时间？你是否懂得珍惜它，决不糟蹋它？

你是否把你好不容易节余的时间花费在过多的娱乐上，毫无选择地“打开”你的“眼界”，甚至还悄悄地加入了“追星族”的行列？

你是否太注意你的衣着打扮，你喜欢华丽包装，却忽视了内在素质，你错以为这是新潮，盲目攀比，随波逐流，反而失去了你自己！

你是否对于读科学文化历史以及世界名著都不感兴趣，而沉湎于一本本武侠、言情小说，逛着街头书摊，幻想着自己长大变成一个侠客或武士？

你是否……

我想，读一些课外书的时间总是有的，双休日中挤出一天用于放松自己，读一本课外书，也并不是做不到的！

读点书吧，读好书，读正经书，读有益的书，读有价值的书，读终生难忘的书！

书读多了，这份取之不尽用之不竭的精神食粮便培养了你的心灵，使思想净化、升华，渐渐达到一定的高度，也就自然而然地润滑了你的笔尖，流泻出你无尽的文思！

如今已是九十二岁高龄的巴金爷爷在一九九四年六月曾为上海虹口区“爱的教育研究会”给中学生们亲笔写下了这样一段话：

“我们每个人都有更多的爱，更多的同情，更多的精力，更多的时间，比用来维持自己生存所需要的多得多，我们必须为别人花费它们，这样我们的生命才会开花，道德、无私心就是人生的花。”

我想，活着，就要无愧此生，就要不断地充实自己，才能对国家对世界有所贡献。这也就是：“莫等闲白了少年头！”

一九九五年十一月十七日

小学，我读出了一个道理

杨 苡

八岁的时候，我进了一个女子中学附属小学的初小三年级。这以前在家里也开始学习识字，用毛笔临摹大小字帖，也跟着哥和姐读《论语》、背唐诗，其实根本没读懂，倒是学了些英文字母。我就这么糊里糊涂进了一个陌生的环境，一切都是新鲜有趣，并且有了好几个要好的小伙伴。姐姐是从小学初小一年级开始进这个有名的女子中学的，这时候她已是高小二年级的好学生了，每天一大早我们坐家里的“黄包车”一同上学，她把我送到初小一、二、三年级的大教室里，然后她进了学校的主楼到更大的教室去了。中午她把我带到食堂吃饭，下课后又把我接回家。

本来日子过得平平稳稳、很不错的。英文课上，大家依着老师的口型模仿说：“I am a girl. He is a boy. This is a pencil. That is a pen.”……倒也特别开心。国文课上也是哇啦哇啦地跟着老师朗诵。我最喜欢课文中有对话，同学们中这个念一句，那个念一句。我本来就喜欢在家里跟哥姐们一起扮戏玩，我觉得这是最好玩的玩法。当然那时我们也跳绳、捉迷藏、玩老鹰捉小鸡等等，反正上课是很有趣的。

但没多久，我遇到了麻烦。那时我们已经开始学注音字母了，一定要依靠课文中一个生字旁边那些古里古怪、曲里拐弯的符号来读那些生字，而我却怎么也学不会那些符号，我觉得为什么非要依、阿、哦……地先读会那些呢！当然班上也有几个同学和我一样的“笨”。于是有一天下课后老师把我们几人留下来，耐心给我们“补课”，再灌输一番。我跟着哇啦哇啦地叫，眼睛却不时地瞟着窗外，生怕姐姐放学来接我。当然姐姐还是发现我被留下多上了一堂课，她认为是丢人的事，气鼓鼓地把我带回家。一进门，这一向好哭的姐姐就抽抽噎噎地对母亲说：“小妹不用功，给老师留下来了！”说实在的，我本来并不觉得被留下来是件倒霉的事，但经她这么一哭，我也觉得糟糕透了！我怎么这样“笨”？于是对注音符号的反感一直跟随了我一生，进大学后我也不认为学英语要先学国际音标，到我有子女孙辈后，我对他们学汉语拼音也不太重视。我自己十来岁时也下决心长大要学理科、学医，或干脆去当画家最理想！

然而当我逐渐长大成人时，我忽然领悟生活是一本大书，不管我学什么，也不在乎是否当医生或画家，重要的是如果我掌握了一定的文化知识，我若有一支驾驭文字的笔，想到什么就可以随心所欲地写去。当我能将心里的话痛痛快快变成纸上的文字时，而且当然是说真话，不用假话骗人，这可能是意味着没有白白浪费掉生命，因为生命本该是给予，而不该计较个人所得。小时候可以听任幻想在你肩头插上翅膀，飞来飞去，可以幻想一伸手便可捕捉天上飘着的一朵云彩，也可以在暗夜里摘下一颗星星做盏灯，还可以幻想知识和智慧在一夜间便全拥进你小小的脑海，使你成为能人、智者和勇士，能战胜一切邪恶……无论怎样，幻想毕竟是幻想，关键是如何去做。在八岁时曾发誓不再碰那些有注音字母的课本，但长大了却发现只要是好书、有高品味的书就比一堆堆金子还珍贵。读书会使人懂得每个人都应该有责任感才不枉此生。把自己从书本和生活中学来的知识积聚起来，充实自己，在任何岗位上都能对国家和人民有所贡献，而不是做空想家，我想这是最最重要的。

一九九六年十一月

我的书缘

杨　苡

为了写“书缘”，子聪盯了我好一阵子，我是属于“人贵有自知之明”的人，自小不用功读书，似乎这一生与书无缘分，至今已虚度八十七岁，回顾往昔岁月，书本带给我的快乐与烦恼却是说不清、道不明的。每遇年轻的一心做学问的教授学者，以及满腹经纶的作家名流，和他们神聊时，总不免有沉重的自卑感，真有“少壮不努力，老大徒伤悲”的感觉。家中藏书虽然很多，也懂得屋不在大，有书则灵，却只是“泛读”，而没时间“精读”。想起年轻时，在抗战时期，从天津到昆明，三年后到重庆，五年后到南京，两年后迎接新中国，然后等等等等，失去的书太多太多，失而复得的也不少，如今即便还有点惆怅之情，也就慢慢地对这些“身外之物”看得越来越淡，再也不会像在上世纪中那样耿耿于怀了。

说到书，不禁想起小时候抓着我哥杨宪益的长衫衣角，跟着他逛书店的情景。我总是紧紧跟着他，以至他的初中同学戏叫我“小狗”，当然我并不在乎，我哥会给我买书。他把我带到卖儿童读物的书架前，叫我随便挑选。于是我也学着他的样子，拿起一本翻翻又放下，再拿一本。其实我哪里是看文字，只是看画（插图），看书的封面颜色好看不好看，花儿美不美，人丑不丑。

这说明我原是个从小只喜欢画画、不懂得读书的傻丫头。以前母亲房内有一书橱，里面全是父亲遗留下来的书，我见过有一大堆《说部丛书》。堂兄堂姐们经常来借书，后来他们和我哥我姐都对西洋名著大感兴趣。有一阵子迷上了伍光建译的《侠隐记》（今译《三个火枪手》）。有两个堂兄和我哥还以三个火枪手为榜样，分别以“阿托士”“阿拉密”和“达特安”自居。他们思忖着说：“谁是密李狄呢？”我知道密李狄是个漂亮的女人，于是大叫：“我是密李狄！”引得他们笑得没完没了。原来密李狄是个狠毒的坏女人！足见我是个糊里糊涂的草包！到我长大成人，读书也不甚解，只能应付考试，也不懂得拿学识装饰自己。虽然有过戴着学士方帽的相片，也有过可以解决饭碗问题的一张文凭，但一切都早已灰飞烟灭。说起藏书来，又是满腹伤心事说与谁知呢，也就懒得说了，真应了“沉默是金子”的那句西洋谚语。

这些年突然时兴说“缘分”二字，两个人好了，不好了，都是“缘分”；喜欢什么，不喜欢什么，也叫“缘分”。其实这个说法应是唯心的，早先是该批判的，但我也不是唯物主义者，更谈不到“彻底”，当然也“无所畏惧”，只是每当忽然想到一本书，却在书橱中左翻右翻找不到，又记不起是哪个小友借走未还，此时就好像特别在乎，心急如焚，似又与书有点孽缘。想起一九六六年我们被“破四旧”的锣鼓吆喝声吓得心惊胆战时，胆小的外子忙不迭地将一堆堆旧书（多是我年轻时收藏的杂书）捆扎起来，约有二百来本，用自行车一趟趟送到中文系，我当时确感心疼，却并未“热泪盈眶”，且还挺镇静。Character is fate！性格使然！

书斋！书斋！书已成灾！

书缘！书缘！越说越玄！……

东拉西扯赶紧打住，望子聪鉴谅之！

二〇〇六年四月十六日

阅读推广

全民共开卷，书香传万家。阅读，唤醒生命；阅读，温暖人间。阅读推广委员会成立十五年，以图书馆为载体，推动全民阅读，传递价值，用阅读之光照亮社会空间和心灵世界。点点滴滴，功不唐捐；耕耘岁月，未来可期。

时代转型　阅读永恒

王余光

在这剧烈的转型时代，我们选择什么？我选择读书。

——这是一个永恒的主题，这也是一个永新的主题。

读书，就个人而言，是学习最基本最重要的途径；就社会而言，则如高尔基的名句——“书籍是人类进步的阶梯”。传承华夏文明，涵养民族气质，培育民族精神，提升国家创造力——读书，是绕不过去的必经之途。从夏彝商鼎的金文，到两汉碑刻的拓片；从晋唐书迹的遗墨，到宋代刊刻的善本；从工业时代的印刷，到网络新兴的电子书，社会不断发展，书籍的载体和阅读的方式不断改变，但是阅读的习惯和崇尚阅读的社会风气，应该是永恒的。

文本变迁与阅读习惯

书籍载体形式的每一次变化，都极大地改变着人们的阅读习惯。文本的变迁带来阅读的转型，是我们不得不面对的事实。阅读的热情与是否具备读书的习惯，与一个民族的特性相关。

书籍载体形式的每一次变化，都极大地改变着人们的阅读习惯，从甲骨到简策，从简策到纸本，从手抄到雕版，从雕版到机器印刷，从纸本到电子本。文本的变迁带来阅读的转型，这是我们不得不面对的事实。近一千年来，我们面临过几次重要的阅读转型。

十一世纪以前，抄书是一种职业，如班超就是抄书人。汉代置有专门的“写书之官”，后来历代都有抄书的活动。不少私人藏书、官府藏书、寺庙藏书、书院藏书，都有专人进行抄书。即便在印刷术发明后，我们还能看到一些知名抄本传世，如《永乐大典》《四库全书》。明代官府藏书中，有书近百万卷，刻本只占三分之一，抄本则占了三分之二（参见《明史·艺文志总序》），可见抄本并没有因印刷术的发明而消亡。不仅中国如此，在西方，不少图书馆、修道院、学校都有专职的抄书人，八世纪的法国就要求抄写员应注意勿令本身的浮薄习气散布在所抄的字里行间，也不得轻率抄写，以免在匆忙之中产生错误。当时，抄写书籍被认为胜于栽植葡萄，因为后者仅能满足口腹，而前者则是为灵魂效劳，十分神圣。直到十六世纪后，抄写员才在西方逐渐失业。作为一种职业，抄书人消失了。作为一项活动，抄书之事并非遥远，我本人就有过抄书的经历。

在古代，抄书不仅是为了复制图书，它还是一种读书的重要方法。北宋时期，正是雕版印刷术的普及时期，苏轼（1037—1101）适逢其时，理应欢欣，但他对雕版印刷物对阅读的冲击却迷惑不解。他在《李氏山房藏书记》一文中说：

自秦汉以来，作者益众，纸与字画日趋于简便，而书益多，世莫不有。然学者益以苟简，何哉？余犹及见老儒先生，自言其少时欲求《史记》《汉书》而不可得，幸而得之，皆手自书，日夜诵读，惟恐不及。近岁，市人转相摹刻诸子百家之书，日传万纸。学者之于书，多且易致如此，其文词学术，当倍蓰于昔人。而后生科举之士，皆束书不观，游谈无根，此又何也？

苏轼前辈学人以抄读为主，到苏轼的时候，印刷术普及，图书多而易得，后学却不读书了，让这位大文豪慨叹不已。

此后的八百年，中国的读书人在没有大变化的书籍世界中度过。他们幸福的读书生活，令人向往。即便身处乱世，亦在书中寻得快乐。试举李清照一例。宋赵明诚、李清照夫妇，早年生活优裕，至中年，逢靖康之变，明诚逝世，清照流离。虽如此，夫妇二人曾有过的藏书读书生活，载在史册中，感动后世的读书人。李清照在为赵明诚《金石录》所作的《后序》中，描写他们藏书读书的情景，用她那独特清婉的笔，再现了夫妻读书生活的快乐。其乐也，乐在声色犬马之上。

中国读书人的读书生活，到了十九世纪末悄悄发生了变化。这不仅是因为印刷术的变革，而且还在于西学的引进与新式教育的普及。

随着机械印刷术的普遍应用，图书出版更加快捷，报纸杂志等一些大众读物也不断增多，这对传统阅读带来了很大冲击。而西学引进与新式教育的开展，阅读的内容也变得比以往更为丰富多样。从阅读的形式上看，过去强调高声朗诵、熟读成诵，而此时大多数人只是默读、泛泛浏览。然而还不到百年，技术革命与书籍载体的变化，让我们目不暇接。今天从电视荧屏到电脑荧屏，再到手机荧屏，我们生活在一个荧屏的时代。我们对着荧屏说话、游戏、工作、购物或聊天，我们还对着荧屏读书！

这次转型的影响差不多涉及每一位读书人。自二十世纪九十年代以来，我在教学中，与学生们就读书或阅读的转型问题展开过多次讨论。1995年，我与研究生们曾就古籍翻译与阅读、双休日读书、荧屏时代的读书等问题，以笔谈的形式在《光明日报》上发表文章，以期引起人们对阅读的关注。当时网络还不普及，我们所说的荧屏主要指电视、卡拉OK等。其实，读书是否重要，阅读是否有情趣等话题，自古以来就有分歧。我们在《荧屏时代谈读书》的笔谈中，当时一位研究生就说，我们何苦为读书唱挽歌？她说：

中国自古就有“不为功名不读书”的说法。今天，仍然有不少人在为学业或需要而苦读。至于说到读书的情趣，也是那些有了生活保障并有较高文化素养的少数人的事，与普通百姓似乎无缘。一些人拿起书本不是打瞌睡，就是为读不懂或文字晦涩而苦恼，何乐之有？而影视则不同，它形象直观、声情并茂，使人在紧张的工作之余得到休息和放松，生动的内容和丰富的色彩，真正给人以乐趣和美的感受，更不用说它知识新、传递信息快、让人们开阔眼界了。既然时代已为我们提供了较读书更令人陶醉、令人着迷的新事物，我们又何苦为那渐被冷落的读书唱挽歌呢？时代的变迁，科学的发达，影视传媒必将以其极大的优越性和不可抗拒的诱惑力征服全体人类。到那个时候，人们大概再也不会谈论“电视杀手”的问题了。

这是一种真实的感受，直到今天，仍然是我们面对的很多人的感受。而谈论读书，是不是读书人自说自话罢了？

阅读的热情与是否具备读书的习惯，与一个民族的特性相关。网络的普及，正在逐渐改变着人们固有的阅读习惯。从读书的热情到读书人口率的下降，从读纸本到读网络，以及读什么、大众阅读等一系列问题，一直是不少人关心的问题。近十年来，我曾就经典阅读与选择、推荐书目、信息时代与阅读、阅读文化、社会阅读等问题发表文章，表达对经典阅读或读书的重视。其实，是读书还是读网，这或许并不重要，重要的是，读什么内容。阅读习惯的改变，是不可阻挡的历史潮流。

崇尚读书，设立中国读书节

一个人的精神发育史就是阅读史。一个民族的精神境界取决于阅读的水平。一个没有阅读的学校永远都不可能有真正的教育。一个书香充盈的城市必然是美丽的城市。

2006年，中国图书馆学会科普与阅读指导委员会在东莞召开成立会，我在会上作了《让阅读成为我们生活的一部分》的报告，陈述读书对民族素质的提高、完善独立人格的重要意义。近年来，一些学者呼吁设立国家阅读节，以崇尚读书，并得到了不少读书人的赞同。2007年，朱永新在《让阅读成为中国人的日常习惯》中，将阅读之意义概括为四点：一个人的精神发育史就是阅读史；一个民族的精神境界取决于阅读的水平；一个没有阅读的学校永远都不可能有真正的教育；一个书香充盈的城市必然是美丽的城市。他多次向政协、人大建言，设立国家阅读节，把全民阅读作为国家战略等。

2009年，我写了一篇文章《设立国家读书节：建书香社会育智慧国民》，赞成他的提议与观点。我想说的是，为什么要有一个中国人自己的阅读节或读书日？

第一，中国是世界上图书文化最发达的国家，且极具民族特色。中国图书从载体、用墨、印装到文字，均系自身发明，形成了非常有民族特色的图书文化，并对世界的图书文化产生了重大影响。设立自己的读书日，可更好地展示民族特色。

第二，重视经典的阅读。中华民族是一个重古训、尊先法的民族，对前人圣贤的大道理看得特别重。在这样一个民族社会的背景下，结晶着前辈思想的图书，就不仅具有一种狭义的学术意义，同时在政治、思想、文化等方面都发生着不可估量的影响作用。因而，经典的出版、阅读与传播特别受到重视，经书与正史为历代所刊刻。设立自己的读书日，可更好地弘扬民族文化。

第三，对文本的尊重。不仅经典，书也是读书人生活中不可缺少的组成部分。无法想象，对于读书人来说，没有书的生活是一种怎样的生活，虽然，我们曾有过这样的年代。在读书人尊重文本的基础上所构建的私人阅读空间，如书房的内外环境、买书、藏书、借书、抄书、读书，某些读书人的如痴如疯，正是中国阅读史中最具特色和感人的篇章。设立自己的读书日，可更好地彰显民族个性。

第四，中国阅读传统强调读书为学的首要意义是修身弘道，以追求崇高的道德境界；强调读书须求广博，为学须求通达；强调读书为学须“思”“习”“行”相结合，正如《中庸》中所概括的“博学之，审问之，慎思之，明辨之，笃行之”；强调勤学苦读，在中国阅读史上，勤学苦读的感人事例层出不穷，如“悬梁刺股”“凿壁偷光”“囊萤映雪”“韦编三绝”等等，这些故事曾激励过数千年来读书人发愤读书，积极进取，其影响至今犹存。但同时，“学而优则仕”“书中自有黄金屋”等，也是中国阅读传统和价值观中的重要组成部分。设立自己的读书日，可更好地继承优良的阅读传统，形成健康的读书氛围。

公历9月28日，我们习惯上把这一天定为孔子诞辰日（日期的确立学界尚有争议），有人建议把这一天定为中国国家阅读节或读书日。目前，国内一些图书馆，如苏州图书馆、东莞图书馆，每年以9月28日为标志，开展读书活动。虽然目前在法律层面上，这一天并不是什么节日，但在实践上，苏州、东莞已把这一天看成自己的读书日。

节日，从自然的属性来看，这一天与另一天相比较，并非更有意义。从文化的角度看，它关乎人的生活、生命、宗教与信仰。中国设立阅读节或读书日，正是为了确立人们对书籍的尊重、对知识的热爱，对读书的崇尚。

创造读书条件，享受公共图书馆之利

图书馆要成为大众阅读、民众继续教育的一个重要的机构，在信息时代，图书馆是一个地区或者一个社区、一个学校的信息中心，能够有力地提供阅读的保障。

中国的公共图书馆已经走过了100多年的历史。早在二十世纪前期，图书馆的研究者、工作者以及有识之士，都一直在呼吁图书馆要成为大众阅读、民众继续教育的一个重要的机构，图书馆要有大众意识，对公众免费开放，不管他是什么人，都能够得到阅读的机会。公共图书馆以及各类图书馆，都有这样一个使命。二十世纪三十年代，图书馆学前辈学者李小缘在《全国图书馆计划书》中呼吁：

图书馆“能使公开群众，无论男女老幼，无等第，无阶级，举凡学生、工人、农夫、行政家、商人、军人等，皆能识字读书，享受图书馆之利益，则方可谓图书馆之真正革命，之真正彻底改造，之真正彻底建设者也”。

图书馆“专为普及民众，故当多设分馆于居民众多之处，以广书籍之流通”。

图书馆“此外得依地方需要，有所专重。如商民多者则应偏重商业，农人多者，则应偏重农事。即多购各专门书籍”。

“使全国民众，无论男女老幼，皆有识字读书之机会。”

早期图书馆学家的见识在中国得到逐步实现。今天，图书馆成为人们阅读的重要保障。

在信息时代，图书馆是一个地区或者一个社区、一个学校的信息中心，能够有力地提供阅读的保障。因为我们建立家庭藏书只是一个方面，毕竟家庭藏书是有限的，杂志、报纸则往往都不具备，也没有必要，而图书馆可以提供我们一种连续阅读的保障。图书馆在我们大众的阅读生活里面的意义就被凸现出来。随着大众传媒的兴起，人们的阅读更加呈现多元化的趋势，不同的人有各自不同的爱好，而只有图书馆所收藏的包括所有学科的专业知识，包括各种水平和深度的读物才能满足读者不同的爱好和需求。另外，图书馆能保证大众阅读的连续性，也能满足大众新的阅读需要。目前新技术的崛起改变了年轻一代人的阅读习惯，网络出版和网络阅读成为新的发展趋势，而图书馆事业也与时俱进，发展数字图书馆工程，满足读者网络阅读的需要，成为大众阅读新的阵地。图书馆总是不断更新读物和技术来满足读者的新需求。图书馆可以满足各种读者的需求，其他地方做不到。东莞对图书馆事业的重视与发展，就是很好的例证。我们大家坐在宽敞、明亮、现代化的图书馆里读书、听讲座，还可以享受到365天24小时服务。从比较的角度来说，这个图书馆是最好的图书馆，作为东莞人很自豪。这里有多少五星级酒店并不重要，重要的是有一个非常好的图书馆。因为图书馆是一个城市精神成长的居所和见证。

图书馆为人们提供连续阅读的保障，还主动地采取一些措施来推动社会阅读。图书馆以其专业性、权威性和独有的丰富资源成为读书活动的一个主要阵地，也是倡导全民阅读、终身阅读等阅读基本理念的中坚，是联系群体阅读和个体阅读的桥梁。2005年，中国图书馆学会增设了一个专业委员会——“科普与阅读指导委员会”（2009年更名为“阅读推广委员会”），以期推动全国性的阅读活动展开。

图书馆还要营造一种阅读的氛围。我曾去过一家大学的老图书馆，极有这种读书氛围。阅览室里那宽大的落地窗、古典的书柜、宁静的氛围……我觉得这就是我理想中的读书环境。我曾在1995年的一篇文章《双休日谈读书》里专门谈到这种感受，“双休日，图书馆应当成为人们读书的好去处”。今天我想变换一下说法：让图书馆成为每个读书人的理想居所。

（作者为中国图书馆学会阅读推广委员会第一任主任，北京大学信息管理系教授、博士生导师。本文为作者在东莞图书馆市民学堂的演讲稿，原载《光明日报》2010年4月22日“光明论坛”，有删节。2011年《易读》创刊号转载。）

大阅读时代与图书馆

吴　晞

当今的时代是大阅读的时代。

随着时代的发展，社会的进步，以及各种新技术在阅读领域的应用，阅读的概念越来越宽泛，阅读的内涵和外延日益扩大，阅读无处不在，无时不在。为此，我们称之为大阅读的时代。

阅读在当今的社会中有着广泛深远的影响。全国政协副秘书长、著名阅读倡导人朱永新先生曾经这样概括阅读的社会作用：一个人的精神发育史就是阅读史；一个民族的精神境界取决于阅读水平；一个没有阅读的学校不可能有真正的教育；一个书香充盈的城市才能成为美丽的精神家园；共读、共写、共同生活才能拥有共同语言、共同价值、共同愿景。

这是名家描绘的理想的社会阅读愿景。那么现实的社会阅读状况又如何呢？

我曾经这样形容当下的社会阅读："最好的时代，最坏的时代。"此言出自英国大文豪、大作家狄更斯。在《双城记》开篇，狄更斯这样写道："这是最好的时代，也是最坏的时代；这是智慧的年代，也是愚蠢的年代；这是信仰的时期，也是怀疑的时期；这是光明的季节，也是黑暗的季节；这是希望之春，也是绝望之冬；我们可能拥有一切，也可能一无所有；我们正走向天堂，也正走下地狱……"狄更斯所处的维多利亚时代，正是这样一个社会急剧发展，各种矛盾突出爆发的时代，与我们今天的社会颇有几分相似。

这句名言也适用于今天的阅读，尤其是图书馆阅读。

为什么说是最好的时代？我们可以套用一句陈言：国内外形势一片大好。

从国际上看，建立阅读社会是世界性的潮流。联合国教科文组织在1995年设立了"世界阅读日"（即4月23日"世界图书与版权日"），当今已成为世界性节日。尤其是在图书馆界，现在国内外图书馆都把"4·23"世界阅读日当作重大节庆。国际图联（IFLA）等国际组织的相关宣言、文件（如《突尼斯宣言》），都把阅读放到重要和突出的位置。

世界各国政府也出台了推动阅读的法规。例如：美国的“从出生就阅读”(Born to Read)，新加坡的“天生读书种，读书天伦乐”(Born to Read, Read to Bond)，“思考型学校，学习型国家”(Thinking Schools,Learning Nation)，英国的“阅读起步”(Book Start)等，都对阅读作出了很高的期许。

从国内看,全民阅读已经蔚成风气。《中华人民共和国公共图书馆法》和《全民阅读促进条例（草案）》的立法与实施，以及各地建立的有关全民阅读的法律、法规和政府文件，为全民阅读创造了良好的条件和机遇。各地政府及民间组织的读书节庆活动精彩纷呈。据不完全统计，全国已经有400多个城市开展了读书日、读书节、读书周、读书月、读书季的活动。

再看图书馆界，开展阅读活动已经在国内外图书馆界形成高度共识。《公共图书馆宣言》将开展阅读活动列为图书馆的重要使命，是“公共图书馆服务的核心”。《中国图书馆服务宣言》则说得更明确：图书馆努力促进全民阅读，图书馆为公民终身学习提供保障，促进学习型社会的建设。

我们说阅读的“最好时代”，更重要的表现是：各种新技术大量涌现，并在阅读中迅速得到应用，极大地扩大了阅读的领域，使资源极大丰富，获取极大方便，检索、利用手段日新月异。这一趋势发展迅速，势不可当，给阅读，乃至整个社会带来深刻变化。这是我们的前辈不曾遇到的大好形势和发展机遇。

然而现在也是阅读“最坏的时代”。

危机是多方面的，诸如社会阅读风气萎靡、低落；娱乐至死，不娱乐毋宁死；信息攫取“碎片化”，缺少系统的阅读学习；以治学为主的知识分子，急功近利，读书浅尝辄止，热衷于制造学术垃圾。为此，有人提出了“伪阅读”的概念，意谓许多人不是真的在读书，而是假读书，尤其是对一些大部头书、古文书、外文书，不愿意下工夫，只是想走捷径，或是看一些零星的二手资料、翻译文本。因此，现在既是“大阅读”时代，又是“伪阅读”时代。

更深刻的危机来自各种新技术及其在阅读领域的普遍应用。新技术是一把双刃剑。

这种危机不是现在才开始的。早在二十世纪七八十年代，美国著名的图书馆学家兰卡斯特(F.W.Lancaster)就提出了一个关于“无纸社会”(paperless society)的著名预言：“我们正在迅速地、不可避免地走向无纸社会，图书馆主要是处理机读文献资源，读者几乎没有必要再去图书馆”，“再过二十年，现在的图书馆可能完全消失”。这位令人尊敬的学者近日刚刚去世，受到世界同行的追念和缅怀。记得曾有一位崇拜者当面询问兰卡斯特，为什么他的“无纸社会”预言没有如期实现，这位大牌教授的回答是：“我的预言本没有错，是这个社会发展错了。”——典型的美国式幽默。

尽管兰卡斯特的预言没有如期兑现，但新技术给图书馆以及社会阅读带来的冲击是确实存在的，而且日渐明显。因为新技术的冲击，读者阅读习惯的改变，社会信息渠道的日益多样化，读者对图书馆依赖程度的降低，甚至丧失，致使图书馆面临重大的危机。

然而，无论阅读的形势、形态如何变化，图书馆依然是社会阅读的主体。

恰如上文所述，今天的社会阅读是个很大、很宽泛的概念。我们正襟危坐，“红袖添香”，固然是阅读，但在路边买份图书报刊翻阅也是阅读，打开手机看微信、刷抖音同样是阅读。全民阅读活动并不是图书馆一家的事情。但是我们还是要强调，图书馆要在全民阅读中承担起独有的社会责任，要唱主角，完成他人不可替代的历史使命。

为何要这样强调？

阅读虽然多种多样，但是我们还是要提倡深入的、学习型的阅读，通过阅读，全面、系统地掌握知识。而知识就是力量，穷则丰富人生，达则改造社会。即使是大众型、消遣性阅读，也要提倡会读书、读好书。有计划、有系统地读书，是不可或缺的健康有益的文化生活方式。

要进行深入系统的阅读，完整全面地掌握知识，图书馆是最好的场所，甚至是唯一的场所。只有图书馆，才具有完备的文献资源保障体系，才能为读书人提供全面、系统的文献服务；也只有在图书馆，才能领略到完整的科学知识体系和全部的人类文化遗产，从而站在巨人的肩膀上来看这个世界。所谓“巨人肩膀”，实际上就是前人成果，就是文献，就是图书馆。

举个例子。如果某一学科或专题的有关文献有100篇，其研究者或学习者至少要掌握其中的80篇，还不能遗漏核心文献，才算得上有起码的了解，才算入门。社会上能够提供这种文献保障的机构只有图书馆。这样的功能和使命，书店无法完成，个人收藏也无力完成，上网浏览搜索也不行。这就体现了图书馆系统收藏的不可替代的作用。

在大众性阅读当中，图书馆同样是最好的场所。这点和精英阅读、学习型阅读没有什么大的不同。即使是阅读《西游记》，也要阅读全本，不能只看电视剧《西游记》或《大话西游》；即使是读武侠小说，也要按照“飞雪连天射白鹿，笑书神侠倚碧鸳”的目录通读一遍，才算得上是初级的“金庸迷”“武侠迷”。目前还没有任何其他社会机构在阅读的这一功能上可以取代图书馆。

在数字阅读逐渐成为阅读主体的时代，今天的图书馆已经初步建立起系统、完备的数字资源体系。与支离破碎的网络信息不同，图书馆收藏和提供的各种数据库，如同图书馆藏书一样，是经过精挑细选和专业化整理的，因此是最重要、最全面、最实用、最具价值的信息资源，是最优质的数字资源集合，而且是全面开发、免费提供的。目前在社会上还没有其他社会机构拥有这样完备的数字资源，这样系统的数字阅读保障，这样全面无偿的数字服务。与此同时，图书馆还可以互联互通地利用世界各地图书馆和其他机构的数字资源，使读书人足不出户即可坐拥天下文献。

阅读，要到图书馆。

大阅读时代，离不开图书馆。

（作者为中国图书馆学会阅读推广委员会第二任主任，深圳图书馆原馆长，研究馆员。本文选自《斯文在兹》，吴晞著，海天出版社，2014年8月。本次重发，作者做了部分修订。）

图书馆阅读推广发展的背景、问题和方向

李东来

背景

讨论图书馆阅读推广，不能离开我们所处的现实环境：技术推动着阅读形态和结构的演变，形成阅读的迁移与融合；政策驱动着阅读环境与理念的转变，激发阅读的兴趣与需求。可以说，图书馆阅读推广正处于最好的时代，也面临着全新的环境与新问题，需要创新举措来提升行业整体性与专业性。

十八大以来，“开展全民阅读”开始成为党中央的一项重要战略部署，嗣后连续八年(2014—2021年)“全民阅读”写入政府工作报告。2016年3月，《中华人民共和国国民经济和社会发展第十三个五年规划纲要》发布，首次提出“推动全民阅读”，“全民阅读”位列国家八大文化重大工程之一，实现了全民阅读工作在国家规划中的历史突破。2020年10月，中央宣传部印发《关于促进全民阅读工作的意见》，深入推进全民阅读。全民阅读也越来越多地纳入到各级党和政府的工作议程，从中央到地方，从政府到民间，各行各业开展的全民阅读工作如火如荼，成效不断凸显。

在这一热潮之中，图书馆以其成熟的组织体系、丰富的信息资源、专业的人才储备，无可争议，应当是推行全民阅读战略的主阵地，引领、促进全民阅读。中国图书馆学会在全民阅读活动中发挥了先导作用，展现了职责担当。2005年，中国图书馆学会成立了科普与阅读指导委员会。2009年，更名为阅读推广委员会。阅读推广委员会是在全国范围内负责规划、指导、协调、组织阅读推广及相关学术研究活动的图书馆行业工作机构。近几年来，阅读推广委员会开展理论、组织、项目、产品等四大建设工作，积极整合全国各级各类图书馆及阅读推广相关组织的力量，不断探索工作机制，搭建活动平台，出版专业

书籍，培育专门人才，促进全国图书馆的阅读推广。每年发布年度“全民阅读”工作通知，组织开展形式多样的阅读推广活动，构建“全民阅读示范基地”等图书馆阅读推广荣誉体系，打造“全民阅读论坛”项目品牌，策划阅读推广公益行动——“扫码看书，百城共读”，撰写阅读推广人系列教材，申报中图学会阅读推广课题项目，推出一系列专业研究报告，形成了我国图书馆界“全民阅读”工作“各馆齐心、遍地开花”的格局，图书馆的社会影响力持续扩大。2018年3月，《中华人民共和国公共图书馆法》正式实施，明确公共图书馆应当将推动、引导、服务全民阅读作为重要任务，更为图书馆阅读推广提供了有力的法律保障。

时代在发展，科技在进步，移动互联网的发展提供了新的技术手段，降低了阅读成本，便利了用户参与内容制作。阅读所具备的内容的丰富性、介质与终端的多样性、读者群体的普及性和选择的复杂性，在互联网时代实现了数倍乃至十数倍数十倍的放大，促成各种变化的可能，由此形成社会性的阅读拐点。

这种转折表现为：在形式上，纸质阅读、多介质或者多屏阅读提供了不同选择，从读书到读屏，从看书到听书，阅读有了更多可能；在内容上，少数人是内容生产者的时代已经过去，人人都是内容提供者，由作者为王转变为读者为王，人们的阅读内容愈加丰富与多元；在手段上，阅读不再是少数人的享受，随着智能手机的普及，阅读由小众化向大众化转变；在需求上，当代人在不同的角色和不同空间里快速转换，时间越发碎片化，阅读时间和阅读内容也随之碎片化。读者更加期待方便快捷、即时互动、低成本、高效率的阅读，追求多样化、个性化的表达方式，接收文字、图片、视频、音频等有机组合的阅读内容。这个转折过程让图书馆阅读推广有更多种的选择方向与发展道路，更多选择意味着选择成本的提高，对选择能力有更高要求，同时，也意味着存在相当的选择风险以及可能选择失误乃至选择失败的高昂代价，可以说，图书馆阅读推广是一个机遇与挑战、希望与风险并存的转型领域。

问题

图书馆阅读推广的研究与实践正处于迅猛发展之中。图书馆阅读推广不是图书馆和阅读推广的简单叠加，图书馆做阅读推广要聚焦阅读推广，更要以图书馆的资源与专业做阅读推广。从行业的角度，图书馆人应当如何理解与定位阅读推广？从社会的角度，图书馆在全民阅读中充当怎样的角色？占据何种地位？这需要我们从不同层面思考图书馆阅读推广面临的问题。

图书馆开展阅读推广，一方面是图书馆的使命与职责，另一面也是图书馆在现代社会求生存、求发展的需要。图书馆阅读推广这一概念在我国出现的时间并不长（当然，从世界范围来看，“阅读推广”也是一个近乎全新的课题。1972年，联合国教科文组织向世界各国发出号召，提出“走向阅读社会”，也可以说，以此为标志，“阅读推广”正式走入公众视野），在“全民阅读”文化战略实施以前，阅读推广更多地被视为图书馆宣传、营销或者新书推荐的方法之一。近十余年来才发展成我国图书馆的一项独立工作，而且是最活跃的一项工作。在丰富多彩的实践基础上，方有学者从中凝练理论，构建研究体系，促进这一领域的学理化、学科化。从微观层面、行业内部层面思考，图书馆阅读推广是随着图书馆业务的发展而出现的新型服务，还有诸多需要深入探讨的问题，比如图书馆阅读推广的学科阐释、范围界定和内容架构，图书馆阅读推广活动的设计、组织和实施，面向不同群体的活动方式和内容，图书馆阅读推广有效性的检测与评价，图书馆之间的合作模式，以及由此生发的丰富而具体的其他内容等等。

在“倡导全民阅读，建设书香社会”的今天，阅读推广是一项需要社会各界群策群力、共同推进的社会事业。图书馆阅读推广以“图书馆”为限定语，标明了图书馆的主体性，图书馆阅读推广应该体现自己的特色，以及与其他机构相比的优势，明确图书馆在全民阅读文化战略中的特殊地位。同时，也要充分考虑图书馆与各种环境因素之间的关联，使图书馆阅读推广的理论体系和实践活动能够更好地融入社会大环境，促进图书馆事业与社会发展共同进步。从宏观层面、行业外部层面思考，图书馆阅读推广是全民阅读的重要组成部分，在当今全社会都重视全民阅读的环境下，图书馆的专业积累和行业协作的优势如何体现？体系化的资源配置如何？专业化的队伍状态如何？社会化的价值交换如何？理论性的知识建构如何？优秀阅读传统与现代阅读推广事业之间的关系如何？图书馆阅读推广与其他社会阅读推广的比较和差异何在？等等。图书馆阅读推广的研究和实践还有许多领域亟待开拓。

方向

立足新时代和新环境，面对新问题与新需求，在理性思考图书馆阅读推广内涵的基础上，我认为图书馆阅读推广应走两化结合之路，即将法治化与专业化相结合。以此夯实图书馆的社会根基，彰显图书馆的行业价值。

以法治来保障和促进文化发展，是近年来我国文化发展的突出亮点。人民群众的公共文化需求、知识学习和阅读需要不再是次要的、弹性的、可有可无的，而是有法律保障和刚性要求的。这在《公共图书馆法》中有明确表述，作为十九大之后出台的第一部文化方面的法律，《公共图书馆法》体现了国家对图书馆事业的高度重视，起到了为建设书香社会保驾护航的作用。图书馆阅读推广包括三个要素：阵地、活动和机制。阵地，是要加强图书馆设施、资源、技术和体系建设，为阅读推广提供良好的条件；活动，是要借助各种推广方式，开展丰富多彩的阅读活动提升公众的阅读兴趣和阅读能力，为阅读推广提供有效的载体；机制，是要建立健全组织、引导、培育、评价、激励机制，为阅读推广提供持续的动力。图书馆阅读推广要以此为契机，强化法治精神。同时，积极推动或配合政府和相关机构制定具体的配套政策、规范、指南、规划、计划、方案等，为法律法规的实施提供坚强有力的辅助。通过完整、配套的政策法规体系，推动阵地、活动和机制的有机结合、统筹运作，细化和落实图书馆阅读推广工作，达到更好的阅读推广效果。

标准化和规范化是实现科学管理、推动工作健康有效发展的重要保障。图书馆阅读推广不是个人行为，而是行业行为，构建科学合理、适时实用的阅读推广标准规范体系是图书馆阅读推广发展的内在必然与现实需要。《公共图书馆阅读服务标准化研究》和《图书馆阅读推广标准调研及标准体系框架研究》先后于2015年和2016年获得文化部文化科技司的文化行业标准化研究项目立项，并通过专家鉴定，为图书馆阅读推广的标准化和规范化提供了新的研究成果。标准化和规范化建设，不仅为实现图书馆阅读推广质量目标化、服务方法规范化、服务过程程序化进行指导，而且为社会其他机构开展阅读推广提供了参考和借鉴，对全民阅读推广工作具有基础性和引导性的意义。

图书馆阅读推广需要体现专业性，应该从文献、队伍、理论、管理、技术五个方面加强专业积累，充实专业内涵。

在当下和可见的未来，任何行为主体实施的阅读推广，最广泛的基础都基于文献内容，不论是传统的纸质文献还是方兴未艾的数字文献。而对文献内容的组织与有序管理，正是自有图书馆以来持守不坠的专业优势。图书馆阅读推广要为读者提供系统、完备、可信、权威、易得的文献内容，具体来说，就是要根据服务对象的特定需求，确定推广文献的高度、广度和粒度。高度，是文献内容的内涵，图书馆所推广的文献内容要具有一定层次内涵，能够提升读者素养；广度，是文献内容的范围，图书馆系统地收集与推荐相关文献，为读者提供涵盖广泛、完备充分的文献内容；粒度，是文献内容的细化程度，图书馆对于文献的组织从基于文献外部特征的文献分类，逐渐发展成为基于文献内容特征的深度挖掘，通过专业化文献内容组织与推荐来满足读者的多元化与个性化阅读需求。

图书馆阅读推广是以图书馆员为推广实施者的创新服务。图书馆员应该具有良好的阅读素养、信息素养以及相关的专业能力，这既是图书馆专业化的直接体现，也是图书馆阅读推广工作质量和水平的重要保证。加强图书馆阅读推广专业人员培养和队伍建设，是与深化阅读推广工作相辅相成、相互促进的。通过协调并进，打造专业化的队伍，进而完成专业化的图书馆阅读推广。

图书馆阅读推广亟需理性思考，需要理论的跟进、总结与指导。图书馆阅读推广实践如火如荼，但理论研究滞后于实践推进，导致对实践的指导不足。这是目前学界和业界所共识的问题。有鉴于此，以王余光、吴晞、徐雁、范并思、王波等为代表，加强了对图书馆阅读推广的理论研究，近年也有一批图书馆阅读推广课题获得国家社科基金立项支持。阅读推广委员会针对图书馆阅读推广实践丰富而理论研究相对滞后与薄弱的现状，引导各图书馆加强阅读推广理论研究，一方面策划推出系列调查与研究报告，如2017年阅读推广委员会针对公益性阅读推广活动“扫码看书，百城共读”撰写专项活动研究报告，组织编撰《政府组织的全民阅读工作中公共图书馆角色调查报告》，等。另一方面组织开展阅读推广课题立项，项目既关注全民阅读与阅读推广的学术理论，也思考和研究图书馆阅读推广的策略、方式与方法，特别注重对阅读推广实践领域的优秀经验和成果的研究。

图书馆阅读推广要体现专业，也要注重绩效，并实现两者的均衡。通过专业管理促进深化服务。管理是一个系统问题，涉及多个层面。在顶层设计上，图书馆需要从理念、战略规划和职业发展层面找准阅读推广的定位，明确阅读推广的方向。在操作上，对图书馆阅读推广涉及的诸多要素，如资源、人员、空间等进行统筹规划与合理配置。对阅读推广活动的过程进行优化管理。在绩效评价上，图书馆需要从不同维度采用相应的标准对阅读推广进行价值与效果的评价，更加强调效益产出。当阅读推广成为图书馆的一种主流服务时，需要从自发管理转向自觉管理，引领图书馆阅读推广的深化发展。

技术是时代之基、效能之源，图书馆的发展离不开技术的应用。技术的发展给人们的阅读习惯、方式、理念带来了前所未有的冲击，同时也给图书馆阅读推广提供了强大的支持。图书馆阅读推广要以技术为依托，顺应数字时代人们阅读行为变迁、图书馆阅读信息环境变革，有效利用各种新技术手段开展阅读推广活动，提升服务效能，满足阅读新需求。让技术服务于内容，给阅读推广带来更多的时尚感和趣味性，走出图书馆的创新之路。

人类文明的进步总是与阅读同在。图书馆的社会职能是保存人类文化遗产，开发信息资源，参与社会教育。在全民阅读时代，图书馆要充分发挥专业的优势，以文献和知识为核心，找寻适合当代阅读需求，组织策划具有行业整体性、针对性强的阅读推广活动，开展图书馆阅读推广理论和实践的研究，让图书馆阅读推广工作更聚焦、更生动、更有效、更有影响力，为图书馆事业提供动力，为推进全民阅读和建设书香社会贡献力量。

（作者为中国图书馆学会阅读推广委员会第三任主任，东莞图书馆馆长，研究馆员。本文原载《图书馆论坛》2018年第9期，本次重发，作者做了部分修订。）

纸质温度

书房旧时月，正在消失的古典画面。读屏时代，翻动书页的『沙沙』声渐渐稀落。众声喧哗，纸媒还有不可取代的价值所在吗？纸上墨香，还能继续温暖世道人心吗？《易读》十年之际，让我们再次重温纸质阅读的意义。

重返纸质现场

黄礼孩

时代风云变幻，传统的纸媒为新媒体所冲击。当下看纸媒的变少，编印纸媒的也随之锐减。不少人怀念二十世纪八十年代到二十一世纪初之间的报刊，怀念以纸媒为生命粮食的那些无眠的岁月。那个怀着理想与激情，以青春为志业去办报刊的时代已一去不回，似乎大江大河里的纸媒之帆影正渐渐远去，只留下千万感慨。

人，活一定年岁后，喜欢比较，有人喜欢当下，有人不屑。

新媒体是科技高度发展时代的新兴事物，所向披靡。不过，一个丰富的世界，旧与新、慢与快、轻与重都应该一起存在才是正道。在大地上坚守某种纯粹的情事，比如办民间诗刊这件即是归途也是启程的事情，都是耽于幻想的人干的逸事。最早办民刊的是北岛他们那批激情澎湃的诗人，他们要在一种声音里努力喊出另一种声音，他们要在一样的土地里种出不同的庄稼，也正是他们的勇气与专注，他们的自立与创造，才呈现出不同的诗歌面相，那里有新的视角与语言。

随着时间的推移，办民刊成为当代诗歌的小传统。民刊曾经是诗歌的良心，与官方刊物形成互补的关系。但当某些观念与意识变得模糊，没有边界，民刊与官刊的区别变得很小。民刊之前的先锋性、批判性、边缘性和野生状态荡然无存。很多人开始怀疑民刊存在的意义，如果不能提供差异性的话。

阅读是一种自由，来自网络的阅读与传统的纸质阅读，人因为自己的时代背景不同而有了不一样的选择。网络时代生长起来的一代人，他们的经验是屏幕上的。这就像一个年轻的顺德人，她的饮食经验不再是传统的顺德菜，而是世界不同菜系的喂养，比如日本料理、韩国烤肉、意大利披萨、美国麦当劳等等。一代人选择了新的写作与阅读方式，是顺理成章的事情。令人欣喜的是，还是有新生的力量去办纸质的刊物，逆流而上，重返纸质的现场。之所以少数的有限的人还怀有对纸媒的崇尚热爱，这在于他们认识到，纸质书刊的存在是一种美学生活方式，是别具一格之美，从内容到设计再到材料，无不存在书道之真。那散发墨香的纸页是定格时光温柔的存在，当你在不同的时空触摸不同材质构成的书，你看见的是一种技艺，触及的是一种艺术形态，美之书是光的隐藏，人应该长久用美的书籍去养活人生。

二十世纪九十年代中期，我先是参与办民刊，至1999年，自己独立办《诗歌与人》，与朋友们推出“70后诗歌”“中间代诗歌”“完整性写作”等诗歌概念，为二十一世纪的中国当代诗歌寻找诗歌新的探索和自由的幻想，提供了新的可能。在这一过程中，纸质的感召力并没有随着互联网的迅速发展而走向消失或终结，因为他们追逐的不是形式与技术，而是精神的，一种纯粹的理想，他们怀念的就像诗人柏桦说的“唯有旧日子带给我们幸福”。今天回头看，其实，那时办民刊之于我是一场持续至今的隆重的学习庆典。

媒体与时代的关系，媒体与读者的关系，媒体与时空的关系，媒体与物料的关系都在改变，新媒体的速度与传播更为适合这个当下。但也有人拒绝同质化，因为传统书籍报刊是感受性的物件，是可以用来掂量与思考的东西，是可以拿来贴在脸上的东西，其带来的感受显然多于新媒体。诗人布罗斯基说过，时间是一切事物的后记，纸媒的存在在未来变得更有时间的价值，至少纸媒这个不插电的移动的阅读载体，保持了文字在漫长岁月里的尊严，也守护了不能随意被篡改或删除的命运。网络上存在的文字，有一天突然消失了，也不是不可能，但传统的书不会。

纸媒在这个时代的处境已经不需要多叙述。而办民刊，一直都是不合时宜的，但有理想与立场的民刊依然承载诗歌的荣光与责任，依然燃烧着民间的精神，葆有对世界与人生的关注。作为纸媒的民刊，存在自生自灭的命运，在这个信息发展多元化的时代，如何自处，又是另一个话题。纸媒也许是迷失，但没有丢失，其自身有自行修复的能力。纸媒高贵的部分，仍然是从纸页里散发出来的温度。纸媒，作为事物与世界的内容及存在，它就像司空图说的：真力弥满，万象在旁。

（作者为70后知名诗人，出版过《我对命运所知甚少》等多部诗集。1999年创办《诗歌与人》杂志，2005年设立“诗歌与人•国际诗歌奖”。）

期刊：守望阅读

吴昕孺

很难说，这还是不是一个崇尚阅读的时代。虽然每年依然有大量的图书、期刊出版，虽然政府在大力发动全民阅读，学校在极力倡导亲子阅读，但情况远不如想象乐观。我曾经说过，全民阅读作为一种政府行为，有一些衡量指标，比如成立多少读书协会啦，搞多少场读书讲座啦，捐献多少册图书啦……这些倡导当然很好，但这些外在举措，到底能不能真正激发和促进人们阅读的内驱力？如果不是“我要读”，而是“要我读”，这样的阅读就会缺乏可持续性。而亲子阅读的落脚点是“亲子”，是为了孩子，所以，它更像是家教的一部分，而不是阅读的一部分。它毫无疑问也算是一种阅读，我们确实可以在亲子阅读中与孩子一起成长。但说实话，对于自己漫长一生的精神成长和理想追求来说，仅有亲子阅读是远远不够的。

这就是目前我们所面临的阅读困境。不是没有阅读，而是阅读成了不得不去应付的任务和作业，它的完成度和可信度便大打折扣。我从事教育报刊编辑工作三十余年，所在的单位由一家期刊编辑部发展为报刊社，再壮大为报刊集团。作为一家以期刊出版为主业的国有文化企业，规模越做越大，利润越来越高，但吊诡的是，受众却越来越少。规模和利润从哪里来？涨价。隔几年提一次价。但期刊涨价是有天花板的啊！所以，传统媒体尤其是纸媒，前景不容乐观。

出版社现在大多靠编教材教辅和主题图书续命，而很多期刊的发行量已经萎缩成了一张皮。特别是文学期刊和学术期刊，订数能达到五位数的，寥寥无几。我身边的人和我接触的人，很多写作者几乎不读书，或者只读很少的书，写诗的读点诗歌，写小说的读点小说，仅此而已；老师中，小学老师这个群体书读得最多，也读得最杂，一到中学，各科老师就专注于应试去了。二十世纪二三十年代的中小学名师皆为满腹经纶的饱学之士，时下的名师都是辅导学生应试的高手。令人吃惊的是，本应该读书读得最好的大学老师，也没几个真正读书的，但他们照样能编出一本又一本教材来。我因多次参加民间读书年会，因而结识了一批民间“读书人”，但这些书友严格来说，称作书刊收藏家更为准确。他们满足于收集各种版本，凑齐一套丛书，到处搜刮创刊号、终刊号、纪念特刊，找作者签名、合影，等等，他们看重的是所藏书刊的册数、种类和品相，而不是书刊本身。

对于办刊人来说，读者锐减的确是一个前所未有的挑战。物质丰富与科技发达让阅读变得更便利，同时也在渐渐消解阅读——阅读在功利化，阅读在碎片化，阅读在机械化。

功利化是就阅读目的而言的。阅读的目的性太强，阅读的因果距离过短，把书刊当成一种实用工具。像我上面提到的，诗人就读点诗，教毕业班的老师读的全是试题集锦，高校教授桌上的书绝不越专业的雷池一步……功利化阅读最大的危害是人为划分知识畛域，切割审美范畴，窄化感知体系。而且，现学现卖，即学即用，创造性和想象力将日渐衰微。

碎片化是就阅读方式而言的。有人感叹，我一年都读不完一本书。这就是因为阅读已经碎片化了，仿佛一面砸得稀烂的镜子，拼都拼不拢，即便你花一年时间读完了那本书，也很难对它有一个完整的印象。碎片化阅读的另一个表现是，一年可以读很多本书，但每本书都只读了几页。我们可能是没有时间，但往往是，我们更没有耐心去读完一整本书了。

机械化是就阅读介质而言的。比如现在最流行的手机阅读。有人说，我每天都在阅读啊，我天天泡朋友圈看公众号啊。我觉得，手机阅读只是一种信息获取方式，看手机时容易浮光掠影，得其大概，浅尝辄止，很难像纸质书刊那样让你平静安宁、全神贯注地投入到一个作品中去。机器没有温度，它催促而不是挽留你，消耗而不是滋养你，损害而不是完善你。久而久之，低头族们人赞我赞，人转我转，思维不仅得不到发展，反而会渐渐模糊和钝化，本来拥有的一点灵气和思想，也会在信息的汪洋大海中被湮灭殆尽。

面对这样的局面，期刊人怎么办？办法不多，但我们依然会竭尽全力。其实，还有很多期刊都在不遗余力地坚守，都在绞尽脑汁地创新。教育期刊、科技期刊、学术期刊、文学期刊……都在思考，在行动。不仅仅这些公开发行的刊物，我觉得，特别要感谢那些在夹缝中求生存的民刊，像不少地区图书馆办的刊物，如温州图书馆主办的《温州读书报》，东莞图书馆主办的《易读》，金陵图书馆主办的《阅微》，深圳图书馆主办的《行走南书房》，张掖图书馆主办的《张掖阅读》，等。其中《易读》便是优秀代表之一，自2011年创刊以来，坚守十年，不改初心。坚持办刊风格，坚持定期出版，难能可贵。作为一本由图书馆办的杂志，在很多读书民刊注重名老作家，很多图书馆杂志注重地域特色的时候，《易读》走了一条更为宽广的路子。我觉得这条路子是非常正确的。图书馆杂志的根本使命应是传递书香，让更多的人来拥抱知识，开阔视野，陶冶性情，锻铸情操，所以，馆办杂志不能“难读”，最好是“易读”和“悦读”。

此外，还有那些靠一己之力办的民刊，比如夏春锦的《梧桐影》、阿滢的《泰山书院》、邹农耕的《文笔》、自牧和古农的《日记报》等，都很了不起。我非常敬重这些民刊的办刊人，他们多么辛苦，多么艰难，就像炽烈阳光之下的区区烛火，你几乎看不到他们的光亮，但他们一直在燃烧。别看这些民刊的读者少得可怜，但只要能影响几个人，哪怕是一个人，它就创造了一个小小的奇迹。

美国社会学家尼尔·波斯曼说：“技术改变不是加法，也不是减法，而是生态法。公元1500年，在印刷机发明五十年之后，我们拥有的不是一个多了印刷机的欧洲，而是一个不同的欧洲。”世界上第一部手机是在1973年研制出来的，马上就五十年了。现在我们看到，拥有手机的一代孩子，和我们已经不是两代人而是两种人的区别。但我们要相信，每一代人都必须通过阅读来成长。拒绝阅读，那人类的精神荒芜将是一件多么可怕的事！是故，我们所出版的每一期纸刊、每一本纸质书，都是对这个日新月异的技术时代、信息时代，无声而有力的呐喊。

（作者为湖南省作家协会教师作家分会常务副主席兼秘书长，湖南教育报刊集团总编辑。曾为《易读》撰稿数篇。）

大数据时代下的纸质阅读

曾纪鑫

纸质书刊越来越少，虽说不能完全“归咎”于网络，但网络给了其最为沉重的一击，乃是不争的事实。

若从创作角度而言，电子与网络于我，确实有一种“翻身得解放”的感觉。以前写作，先是打草稿，再是修改、誊写，用三百格的文稿纸，记得一天最多誊了四十页——那是除开吃饭，从早晨8点一直誉到深夜12点，工作十多个小时的“成果”。四十页，算上空格，满打满算，也就一万二千字。先是有了电子文本，用WPS、Word文档，每天平均创作可达一万字，修改起来也十分方便，且不须誊稿。手写稿件投寄时一寄一大堆，打印稿不到以前的五分之一，自是方便了许多。等到网络兴起，再也不必打印文稿，也不必跑邮局寄稿了，用Email发送，不是“分分钟”搞定，而是“秒秒钟”就可搞定。当QQ、微信兴起，利用它们发送电子文本，可达到即时性的效果。因此，当电子与网络“结盟”，我简直要“山呼万岁”了！

电子与网络连成一体，迎来的就是我们所说的“大数据时代”，这一几乎改变人类生活方式乃至思维方式的新时代，对每一个人特别是知识人来说，影响深远，无论怎么形容也不为过！

大数据“解放”了作家，促进了创作，可谓有百利而无一害。但对受众群体而言，就得具体情况具体分析了。

从纸质阅读到数字阅读，经过一二十年的发展、变化与转型，越来越多的读者已经接受了数字阅读。年轻人自不必说，他们是在互联网时代长大的，已成习惯与常态。中年人紧跟时代不断调整步伐，已有越来越多的中年读者加入数字阅读行列。而老年人则分为两种类型，一是只看纸质书籍或报刊，与数字阅读绝缘；二是只看电子版，不读纸质版。何也？举一个例子吧，十多年前，我出了一本新书《千古大变局》，想寄给华侨大学教授毛翰先生指正。他说，不必寄，你发一个电子文档给我即可。我惊讶地问："你看得了吗？"他说："书上印的字太小，眼睛老花看不了。电子版可以调整字号或视图，放大了看，十分方便。"他这种说法，可以代表一部分老年人的阅读状态。

进入数据化时代，纸质阅读变得越来越尴尬。以前每到一座城市，我最喜欢逛的就是报刊亭。按理说，这样普及阅读提高全民素质的好事，应该如雨后春笋般不断发展壮大才是，而事实呢？要么纷纷"倒闭"，要么自我"转型"。用"倒闭"形容一个小小的报刊亭似乎不妥，准确一点的词当是"关闭"，但将邮政报亭整体放在一起，"倒闭"的效果就出来了，如多米诺骨牌效应，只要想想那种接二连三纷纷"倒闭"的情景，就心疼得几乎要滴血。而寥若晨星般仍然坚守者，所卖报刊不仅没有以前多种多样，还不得不"顺应"市民之需，办成日杂门点——售卖彩票、香烟、饮料、口香糖、卫生纸等等。当然，此等日常所需也是一种便民——物质便民。

以前坐车、乘机，可见到不少乘客看书读报，而今呢，皆为"低头族"，所看全是手机——电子阅读。

电子阅读最适合图片，也因应了"读图时代"的需要；消息、信息、通讯、资讯、广告之类，电子传播所带来的速度与便捷，自然远远超出书籍与报刊，也就难怪不时传来报纸、杂志停办的消息。刚开始，每停一种，就得"哀悼"一阵。停得多了，熟视无睹，也就麻木了。温水煮青蛙，人，也是这样一步一步"堕落"的。

有的报纸、杂志虽然还在，却是举步维艰，要么印刷数量减少，要么只出电子版。早在2012年3月，已有二百四十四年出版历史且享誉全球的《不列颠百科全书》，也停止印行纸质版，只提供电子版了。我以前常在卓越网购书，后该网并入亚马逊网，如今亚马逊连纸质书也不卖了，只售电子书。我常想，如果卓越网没有并入亚马逊会怎样，是不是仍在坚守纸质阵地？还真不好说！一旦强大的资本出现，在所谓"顺应时代"的背景下，传统的方式往往被清扫得一干二净，当然也包括其中的优秀因子。

面对此类种种情形，我想用两个词——"秋风萧瑟""风声鹤唳"加以形容。于我而言，耳畔早有呼呼作响的尖厉风声，但无"鹤唳"之感。

长年的阅读习惯，自然养成了我对纸质书的亲近。一册在手，看得见、摸得着的外在形式如封面、纸张、装帧等，给人踏实与稳沉之感。历史专业出身的我，对各种资料自然十分重视，这类书当时印行就少，我便想方设方地弄一份电子版。我有几个移动硬盘，就是专门储存电子书的。但在我眼里，电子书只有实用价值，没有可触可感的外在形式，缺乏令人愉悦的美感。

每购一本书，我会感到少有的充实，如果从心理学角度分析，也是“占有欲”的一种体现与满足吧！买来后，首先得捧在手中翻阅，先序言，再后记，然后是内容。有的翻翻即可，有的全读，有的选择性阅读，精品名著还得反复品读。遇到要点、重点或“深得我心”之处，往往用红笔画一条波浪形的线条，有时还情不自持地写下瞬间“感受”。这种有如灵感般的“火花”，一旦错过，火光一闪，就难以寻觅找回了。而这些，只有纸质书刊方能做到。我至今仍订有几份报刊，打开报箱，如果空空如也，会感到些许失落；若邮递员准时送来，那种喜悦立即溢于言表，就如中了彩一般，给人生无形中增添了几抹亮色。遇到稀缺书或好文妙文，尽管有了电子版，我也会打印一份装订成册。比如在淘宝网上，往往有所需要的绝版书的电子版，价格也便宜，下单后发至电子邮箱即可。可我仍要购买复印版，封面是彩色的，内文是黑白的，阅读起来，与原版几无区别，这，也算一种别致的纸质版吧。这样的“书”我收藏了不少，会在扉页标注“此为复印本”，归类放在一边，以备不时之需。我购买的书籍当然更多，近三万册，创作所需资料，可不必上图书馆查找。

其实，我并不排斥电子阅读，并且越来越“亲密”。我编有一份《厦门文艺》杂志，来稿全是电子文档，初编自然是电子阅读，决定采用后再用A4纸打印；单位办公及其他事务，大多利用微信，除非自我淘汰，否则就离不开电子阅读；特别是新闻报道，身处日新月异的“地球村”，只有电子图文才来得便捷，且网络更新快，可及时了解精彩的大千世界。比如我身居厦门，本地发生了什么大事，我还不知道呢，外地同学、友人就打来电话或发来短信、微信问询了。

于我而言，纸本、电子阅读皆不可少，关键是比例的问题。孰多孰少？如果不来点自我约束，拿着手机，仅微信一看就是一整天。因此，每天的阅读，我会有意识地留出一定时间给纸刊、书籍。于普通读者而言，还真得将纸质阅读纳入合理利用、科学分配的范畴才是。特别是阅读哲学、思想之类需要开动脑筋、认真思考的书籍，只有读纸质书方能深入其中，达到最佳效果。

不仅阅读时间的分配，不同场合的阅读也不尽相同，这便是深阅读与浅阅读的区别。一般来说，电子阅读属浅阅读，纸质阅读可与深阅读画等号。深层阅读体现在文章的长、深、精、雅，浅层阅读可概括为短、平、快、博。比如等车、候机、上厕所之类的阅读，手机电子阅读较为适宜；而家中伏案或安静环境下的阅读，以深层的纸质阅读为佳。每次出差，我会根据前往地区的不同，带上一本或两本书，上了车或登机后看。更多是安定下来后，在宾馆房间静静地阅读，我以为睡前或失眠后的纸质阅读，效率最高。

“纸墨寿于金石”，虽说如此，其实书籍保存很难，收藏颇为不易，水、火、风、虫等，皆可随时置之于“死地”。电子书似乎免除了这些“忧患”，其实比纸版书更加脆弱，电脑、手机、U盘、移动硬盘等，哪怕出一丁点问题，储存其中的电子书籍、报刊、文档都会消失得无影无踪。不说别的，仅用电一项如果没有解决，电子书就无法呈现。

我特别看重纸质阅读，还有重要的一点，那就是书上留有阅读者的体温——记号、点评、感慨之类的笔迹，翻阅、抚摸过的痕迹，一册册读过的书放在一起，就可清晰地追寻一串串艰难跋涉的人生足迹。2019年搬家，我清理出三千多册书刊，得知厦门同安区一位文友要在自己家乡凤南农场建一个农家书屋，我立马打消卖掉的念头，全部捐出。他打了一组书柜，用一个房间专门陈列我捐出的书。完工之时，我特意前往参观，见到曾经属于自己的书完整地摆放在一起，顿觉整个房间充满了一股浓浓的温暖与亲切感，心头感到了一种少有的安宁与踏实。这些留有我体温和痕迹的书刊，宛如我的兄弟与亲人，它们静静地躺在这儿，以供当地读者不时之需。如果重温，或查找其中的资料，我可随时与它们重逢。而一旦散失，它们就在我的世界永远消失了，留下一份无法弥补的缺憾。

纸质阅读不仅是一份收藏、坚守与充实，更是一种人文精神、人文情怀的体现。

（作者为《厦门文艺》主编，一级作家，福建省传记文学学会副会长，厦门市作家协会副主席，中国早期文化散文代表作家之一。）

纸书多情似故人

陈蔚文

诗人陈东东先生说，“每一本书是所有的时间，所有的道路。它们排列，叠加，缠绕，交通，把你围拢在以书为墙的那间书房里……”，在图书馆连排的书架中，如入时间的迷宫。

如果，把这句话换成“每一块电子屏是所有的时间，所有的道路。它们排列，叠加，缠绕，交通，把你围拢在以屏幕为墙的那间书房里……”有点别扭是吗？

书是一种特殊的媒介，纸页的翻动间，是几千年来读书人的清梦与思考。

纸质书籍本身也是一种艺术，美好的装帧与工艺带给读者以赏心悦目，有些绝版的书还具有收藏与研究的价值。我的一位朋友，先后购过六七套《红楼梦》，每一次遇到更喜欢的版本，他总是忍不住要买下来。

常常，朋友小聚时他带来的礼物总是书，给成人的，给孩子的。在最近一次聚会中，他送给席间两位孩子的礼物是英文版的《霍乱时期的爱情》与《百年孤独》。

毫无疑问，书已渐渐淡出我们的生活，替而代之的是各种电子屏——手机、平板、电子阅读器，它们同样在为人们提供着“读”的内容。但电子这种介质隐含着现代性的快捷与匆忙，你在打开手机阅读时，可能没看几节就惦记着朋友圈的更新，在那个“圈子”里，无数“新鲜事”被冒出的更新鲜事儿覆盖、淹没。各种观点、资讯、感受、情绪，朋友圈让人想到“薄晚啸游人，车马乱驱尘”的景况。

网上的滚滚烟尘中，那些迫不及待的说说与发布，干扰着阅读的心性。

它不像纸页，天然含有一种沉静、舒缓。当你面对纸页，这唯一的文字的介质，犹如面对作者，面对活在书页中的每一位主人公，他们与你交谈，你分享着他们的故事，也分担着他们的喜乐。

书的魅力不仅是作为实物本身，还有它所承载的文本和思想。文本和思想与装帧、纸张等构成一本书的一个整体。在那些不同的字体、行距与插图中，书，有了各自独立的生命。

你对某一本好书的记忆，不仅是内容，还有它的封皮、纸页的手感，以及你当时在阅读它时，窗外的天气、心境，甚至你手捧的那杯茶。这一切，都隐现于书的内部纹理。

有次去一位朋友在近郊的小楼。这个六十年代末出生的人很少上网，他在城内上班，闲时来此看书，种菜喝茶。看上去不怎么上网的他掌握的知识却并不比大伙少，甚至可能还多一点，比如农业知识，有他端出的一簸箕自种花生为证。

露台，山中夜色近似深蓝。朋友的小书房中有一张书桌，一张靠窗的灰沙发，几架书橱。当打开书时，他一定会关掉手机。那是属于他的完整时光，未被切割、占有。窗外月光照在他手中书册上，那幅画面，正是“书卷多情似故人，晨昏忧乐每相亲”赓续至今的写照。

在禅修中，有项练习叫“止语”（俗话叫“闭口禅”），指人们说话前自观内心，保持觉知，不必要的不说。当人带着觉知说话时，内心会清静安详，不说无用之语、无聊之语、是非之语。

而当人带着觉知阅读时，同样的，内心会清静安详。纸页，打开了通向作者和主人公的一扇窗，关上了朝向外部喧嚣的门，将众声哗然挡在门外。

德布林小说《图书馆》中，扫烟囱工卡尔·弗里德尔深信，“图书馆里的书久而久之一定会对四周的墙壁和天花板产生巨大影响，所以只要人们在这里待上一会，随便坐在哪一张椅子上或到处站一站的话，就能获得一些知识。”

这位表情严肃的独身男子空闲时常坐在图书馆，一动不动，怀着对书的深深崇敬。这是个让人再也忘不掉的男人，他代表着人们对文化的敬仰、尊重，而不是浮皮潦草。

翻开书页，这本身类似一种仪式。让生活、内心慢下来，准备进入一本书，进入一个作者与他心灵世界的仪式。

老实说，我已久不去书店了，但我怀念曾经在书店的阅读。在那里，“芸芸看书人，比电影镜头里的路人还要不起眼，但他们雕塑般看书的样子，才会让你想买一本他们正在看的书”，这是香港董桥先生说的。他还说到藏书印，印记设计得越精致，越见得藏书人对自己的书的那份款款深情。那枚印记，流露出藏书人的身份与心思——但当书都电子化后，这枚带着书的主人的趣味、性情的印记，还能向哪觅呢？

我并不否定电子书的便利。在地铁，飞机上，它们陪伴过我不少时光。但在更多时候，电子产品包括手机，确是极大地影响了我对阅读的专注。一目十行，走马观花，这是不少人用电子产品阅读的常态。而且，用电子产品阅读完的书，我通常不会再看第二遍，因为不及纸页的翻动更方便——当想回顾下主人公在某个情境当中的精彩描写，随时可把书翻回那浅浅折了一角的页码，而不是在屏幕上点返回或拉进度条，回到那个瞬间。有时，好不容易找到那个瞬间，电子屏的右上角可能显示“电量还余1%”。

每逢中秋节，一定会有不少朋友在朋友圈晒月亮，那一轮天涯共此时的公共的明月。然而，月光是无法分享与直播的，它洒在每个人的身上，唤起不同的回忆。

纸质书，就如那静谧的月光吧。

（作者为作家，供职于评论杂志，作品见于《人民文学》《十月》《钟山》等刊物。出版专集《若有光》等十余本，获第十九届百花文学奖等奖项。曾为《易读》撰稿。）

十年问学

古今存万卷，足慰耽书客。《易读》开设《易读问》栏目以来，邀请过数十位学者文人在这里分享他们宝贵的阅读经验。十周年特刊，《易读》再邀嘉宾，通过阅读话题，走进读书人的精神世界。

阅读推广，就是让读者在合适的时间和场合读合适的书

邱冠华

邱冠华，苏州图书馆原馆长，研究馆员，中国图书馆学会阅读推广委员会副主任，国家公共文化服务体系建设专家库成员，中国图书馆学会第八届和第九届理事会理事。主要研究领域：图书馆管理，公共图书馆服务体系与总分馆制，阅读推广。发表专业论文三十多篇，出版编著有《爱书人的世界》《亲子阅读：送给0—12岁孩子的父母》《图书馆阅读推广基础工作》《图书馆讲坛工作》《传承的力量》《经典的力量》等。曾获得“全国文化系统先进工作者”和第三届文化部创新奖。

《易读》：您印象深刻的第一本书是什么？

邱冠华：除识字卡片外，看的第一本书是《唐诗三百首》。幼时，家父讲唐诗，要求背诵，后来识字多了，自己阅读。印象深刻的第一本书是《红楼梦》，小学一年级时，家中所有藏书被抄走。小学二年级时，有人归还从家父手中借走的一些书，其中就有《红楼梦》，于是拿来就读，不懂的地方就问父亲。因无其他书可读，父亲并未反对，反而常常讲解。三年级时，被老师发现，上门家访，结果反而是老师从家父手中借走了这套书。现在想来，小学二三年级读《红楼梦》实在是早了点。

《易读》：您从哪些渠道获得阅读书目？又怎样选定您想读的书？

邱冠华：获得阅读书目的渠道很多，如从古到今的推荐书目，现在每年的文津奖图书等。就新书而言，各图书馆的网站、App、微信公众号上的好书推荐或外借排行榜，在其中选择一些就足够。从我本人来说，选择阅读的图书主要分成四个方面：中国经典——作为中国人，中国经典典籍应该是必读书；小说——人间百态、世间风情、人物刻画、景物描写，源于生活又高于生活；杂书——主要随着自己的兴趣走；专业书——主要是与公共图书馆、阅读相关的图书，还有管理类图书。

《易读》：您是怎样读一本书的？谈谈您的阅读经验。

邱冠华：怎样阅读一本书，其方法需要根据自己的阅读目的、时间要求和图书质量来决定。我一直希望通过图书馆阅读推广，让每个读者能够在合适的时间，合适的场合，用合适的方法，读合适的书。选择图书其实就是阅读的开始，看作者、出版社、出版年份，如果一种书有多个版本，最好能够找到相应介绍，专家的书评，不仅能够选择好的版本，而且可以帮助自己阅读时加深理解。读一本书，首先看目录，目录反映出作者的思想和逻辑、内容和结构，所谓“辩章学术，考镜源流”。其次是初读，如果初读感觉不佳，或者是消遣类的书，则到此为止。再次是精读，观点是否科学，调查方法是否正确，论证是否充分，是否存在以点盖面或者强词夺理等问题，所谓“去粗取精、去伪存真”。最后是做好卡片（或者笔记），把好的观点、数据、案例，甚至词句摘录下来，并做好索引，以备今后温习和引用。

《易读》：回望您的阅读历程，阅读给您带来那些影响？

邱冠华：现在回想起来，我从小接受的是强记博学的中国传统教育，背唐诗、听故事、识汉字、练毛笔。由于家父要经常考查，所以在背诵有疑虑时，迫使自己去阅读《唐诗三百首》；因为对故事产生了兴趣，所以在发现许多故事来自《古文观止》时，会去阅读《古文观止》；因为有了阅读习惯，所以在无书可读时，在小学二三年级就读《红楼梦》。这些训练，对我后来的学习和工作帮助极大：从小学到高中，语文学习一直很轻松，成绩很好，而且培养了我的写作能力，一生受用。良好的阅读习惯和阅读方法所积累起来的知识与理解能力对工作的帮助也非常大，从而能够在苏州图书馆任职期间，系统地运用公共图书馆理念和专业理论指导工作实践，用研究的方法来进行决策；结合图书馆工作实践开展学术研究，用实践来求证理论和观点。通过这些，实现了苏州图书馆服务的均等、专业、高效，并跻身于全国公共图书馆的第一方阵。

《易读》：一直以来，您以图书馆为阵地，致力于开展阅读推广。请您谈谈您的阅读推广理念与实践。

邱冠华：《公共图书馆宣言》规定了公共图书馆应当履行的十二项使命，其中许多使命的完成，阅读推广活动是最合适的服务形式和有效的实现途径。因此，阅读推广是公共图书馆服务的组成部分，或者说阅读推广活动即服务。而且，图书馆的阅读推广也不是新生事物，早就有之，如扫盲、书目推荐、文化娱乐等。图书馆通过举办阅读推广活动向读者推介馆藏文献资源，可以为读者找到合适的图书；同时，通过阅读推广，培养读者的阅读兴趣和阅读习惯，吸引读者利用公共图书馆，提高读者的文化素质和信息素养。

为了实现阅读推广的专业化，苏州图书馆开展了学习型组织建设，建立一系列学习团队和项目小组，引进了北京大学图书馆学硕士研究生课程班，鼓励馆员参加学习，打造专业馆员队伍。同时，在各个阅读推广项目中招募各种类型的专家志愿者，建立社会专家团队。

为实现阅读推广的均等化，苏州图书馆一方面从2005年起建设总分馆，总分馆统一开展阅读推广活动，方便居民就近参与阅读活动；另一方面在制订阅读推广活动年度计划时，把活动范围覆盖所有目标人群，如：为新生婴儿开展的“悦读宝贝计划”，为外来务工者子弟开展的“小候鸟”阅读项目，为老年读者提升数字读写能力而开展的“扶老上网”活动，为盲人读者开展的“我是你的眼”系列活动，等。

苏州图书馆通过“平等、免费、专业、礼貌、高效”办馆宗旨的确立和贯彻，分馆的科学规划布局，文献资源的有效组织和推介，服务和活动的专业设计，实现了服务效能的大幅提升。

《易读》：您长期担任中国图书馆学会阅读推广委员会副主任，为阅读推广委员会做了大量工作。请您谈谈阅读推广委员会这些年的阅读推广行动与价值。

邱冠华：阅读推广委员会自2006年成立以来，已经成为中国图书馆学会中最为活跃、最有活力的专门委员会，开展了大量的学术研究和实践活动，在推动全民阅读和图书馆阅读推广上成效显著。

一是大力开展阅读推广研究，催生了一大批阅读推广学术成果，如以课题形式，组织编写出版了《书与阅读文库》一套六本、《中国阅读报告》一套三本、《阅读推广丛书》一套六本、《阅读推广人系列教材》三辑十八本（2019年）；以支持形式，引导下属专业委员会和委员个人整理出版论文集、案例集、个人专著等，培养了大批阅读推广专业人才，并形成了《中国阅读文化史论》《阅读疗法》《阅读推广：理念、方法、案例》《全民阅读推广手册》《创新与融合：2006年[书香城市（县区级）]发现活动案例集》《科普阅读推广优秀案例集》《图书馆阅读障碍人群服务研究》等学术成果。二是举办一系列阅读推广论坛，开展学术交流，活跃学术氛围，如“全民阅读论坛”“大学生阅读推广高峰论坛”“公共图书馆在全民阅读中的领读与创新峰会”“中国阅读传统与文化传承学术论坛”“图书馆与民族文献阅读推广学术论坛”等。三是组织开展一系列阅读推广实践活动，助推全民阅读，如“同城共读，万卷共知”阅读知识竞赛、“让经典走向大众——《中华传统文化百部经典》推介全国行”活动、“阅读推广公益行动——‘扫码看书，百城共读’”活动、“图书馆杯主题海报创意设计大赛”“绘本剧嘉年华”“书香城市（县区级）、书香社区发现活动”“家庭阅读推广优秀案例征集”“馆员书评”征集活动等。四是指导和鼓励图书馆创办阅读内报内刊，每两年评选一次“阅读推广类十佳内刊内报”，这些内刊内报在书目推荐、阅读品鉴、图书评论、阅读方法传授、案例交流等方面发挥出非常积极的作用。

《易读》：您喜欢的阅读环境是什么样？您对当前的社会阅读现状有什么看法？

邱冠华：公共图书馆为所有人提供平等、免费、无差别服务，馆内有舒适的环境、海量的文献、专业的服务、交流的平台，在图书馆阅读可以产生十分惬意的体验。但不可否认，公共图书馆的主要服务对象是社会低收入人群。经济条件和居住条件好的居民可以在家里阅读，不仅在阅读环境上可以按自己的喜好布置，还可以营造家庭阅读的氛围，有利于培养家庭成员（特别是孩子）的阅读习惯，与此同时，也把有限的公共资源让给更加需要的人。我绝大多数的阅读都在家中书房完成，但做学术研究还是要经常去图书馆，利用图书馆的馆藏文献和数据库。

从全国公共图书馆的统计数据来看，一些主要指标都保持逐年递增态势，其中少年儿童读者为目标人群的各项指标上升幅度尤其大，这使我对于我国全民阅读的发展趋势充满希望。虽然，当前的社会阅读中还存在着这样那样的问题，我国国民人均阅读量还偏低，但正因为如此，我们的工作才更有意义，公共图书馆也更加凸现出社会基石的作用。

《易读》：请您为读者推荐五本书。

邱冠华：从对自己有所帮助和个人喜好出发，推荐五本书，仅供读者参考：《论语新解》（钱穆著，生活·读书·新知三联书店，2018年）、《经典的力量》（王余光、邱冠华主编，西藏人民出版社，2018年）、《鲁迅小说全编》（鲁迅著，人民文学出版社，2006年）、《论法的精神》（孟德斯鸠著，商务印书馆，2012年）、《人性的弱点全集》（卡耐基著，中国长安出版社，2009年）。

书香一脉如溪水，今古滔滔不尽流

徐　雁

徐雁，男，1963年出生于江苏吴县，1984年毕业于北京大学图书馆学系。先后在国家教育委员会（教育部）机关、南京大学出版社、中国思想家研究中心工作，现为南京大学信息管理学院教授、博士生导师，兼任南京市图书馆学会理事长、中国图书馆学会阅读推广委员会副主任等。著有《秋禾书话》《藏书与读书》《中国旧书业百年》等二十余部作品，策划选题并与友生们共同主编有“全民阅读四书”“华夏书香丛书”“全民阅读书香文丛”“书香中国•全民阅读推广丛书”等。

《易读》：在您的阅读历程中，留下印象最深刻的书有哪些？

徐雁：其实在不同的学业阶段，都有一些书给当时的我留下过深刻印象。就代表性的来说吧，在小学阶段，有明代文学家吴承恩的章回体长篇小说《西游记》等；在初中阶段，有英国作家笛福的长篇小说《鲁滨逊漂流记》等；在高中阶段，有广东作家秦牧的文艺随笔集《艺海拾贝》等；在读北大期间，有晚清学者叶昌炽的《藏书纪事诗》及现代文学史专家唐弢的学术随笔集《晦庵书话》等；大学毕业刚参加工作时，则有台湾作家林海音的自传体小说《城南旧事》和学者钱锺书的长篇小说《围城》等。由此可见，早期给我留下较为深刻阅读印象的作品，大多是中外文学名著。

《易读》：请回忆一下您的读书历程，阅读都给您带来哪些重要影响？

徐雁：1963年7月14日，我出生在江苏吴县（今属苏州市高新区）的光福镇卫生院。与中国内地出生的同龄人群一样，我的童年和少年时代，都不幸遭遇了“文革”十年（1966—1976年）的“书荒岁月”。1980年秋，经过了一年在太仓县中学的复读后，我有幸考入北京大学图书馆学系接受高等专业教育，从此才得以进入一个较能随心所欲读好书的知识天地里。当年，如北京大学的图书馆及图书馆学系的图书资料室、新华书店和中国书店的各个门市部，以及各种新书市、旧书摊等，都曾经吸引我驻足流连，在知识和学问上受益匪浅。正是通过这些年的书林漫步和书海遨游，为我后来在图书评论学、中国书籍文化史以及阅读文化与全民阅读方向的业务发展，打下了初步基础。

《易读》：您酷爱淘书、读书，听说藏书已逾万册。那么，您的藏书内容是什么？

徐雁：我是为阅读、参考的目的才着手淘书、购书的，因此所藏对象偏重的是自己所喜欢的中国文、史类书籍，以及与自己人生足迹有关系的地方的史、志类图书。日积月累近四十年，不觉就藏了成千上万册的书，成了一个民间不可多得的“万卷户”。这一二十年来，我还曾陆续选择一部分适合不同读者群体的书，分赠给了浙江宁波天一阁博物馆图书室、河北安平县中学孙犁图书馆、云南腾冲市和顺图书馆、江苏常熟市古里图书馆、甘肃张掖市图书馆、天津师范大学图书馆、南京大学信息管理学院图书资料室，以及我的故乡靖江市图书馆和家乡所在地的太仓市图书馆等单位。

《易读》：您是怎样读一本书的？请谈谈您的阅读方法和经验。

徐雁：记得老一辈学者在介绍自己的治学经验时，喜说“六经皆史”“左图右史”“文史兼治”以及“读书读皮，读报读题”之类的话，这些观点曾经让我深受启发。因此，我在阅读上的基本特点是由“文”入“史”，努力兼收并蓄“文史”之书，尽量“博览”人文、社会科学类“杂书”。但我在书林漫步时主要依傍的是“一本书主义”，即在读到一部自己感兴趣的书以后，不妨一读再读，甚至为之写作书评、书话文章加以推荐，从而让自己能够进入到深读—细思—精写的状态。为此，我还特别推崇“带扣结网—悬疑解疑”“观其大略—每有会意”“提要钩玄—采矿炼铜”“检视式—SQ3R”读书法以及“启屏索知”的数字化阅读理念。开卷读书之外，我还非常认同著名教育家叶圣陶先生所说“天地阅览室，万物皆书卷”的道理，在行动上则努力追求“读有字书，悟无字理”与“读无字书，悟有字理”相结合的状态。

《易读》：您写作了大量的书话和书评，曾被中国图书评论学会、《光明日报•图书评论》等主要书评媒体评选为全国“优秀书评人”之一，请您谈谈书评对于图书馆推广阅读的价值。

徐雁：我在中国图书馆学会组织编写的“阅读推广人系列教材”中，领衔主编过一本书——《图书评论与阅读推广》（朝华出版社，2017年）。我在前言中，引用了“中国书评之父”萧乾先生“我们需要两个批评学者，六个批评家，五十个书评家”，及北京大学金开诚教授“读为基础，想为主导，落实到写”的经验之谈，接着写道，书评写作“正是一种提升个人好书鉴赏力和读物推广能力的有效方式”，因此，“倡导和奖勉图书馆员多读书、写作书评文章，是为了向当今这个‘渐行渐远渐无书’的时代，努力吹拂出层层叠叠的书香来，让馆藏好书佳作、名著经典内在的知识芬芳，尽可能多而广地向社会大众传播。而努力造就一支以‘在馆书评人’为主体的书评作者队伍，则是‘学习型图书馆’构建的题中应有之义。”

《易读》：您是中国图书馆学会阅读推广委员会副主任，是“全民阅读十佳推广人”之一，长期以来致力于促进“全民阅读”，推动“书香中国”的愿景，请谈谈您对于全民阅读推广工作的建议。

徐雁：最近刚刚收到金陵图书馆发来的一张旧影，原来是我在该馆举办的南京市读者协会1995—1996年度优秀阅读成果暨活动积极分子表彰会上发表获奖感言的青葱照片。由此可证，才过而立之年的我，就已经踊跃参与到本地公共图书馆的阅读活动中了。

多年来，在阅读文化学的教学和研究中，在全民阅读推广的具体活动中，我日益清晰地认识到全民阅读要可持续良性化发展，亟需加强对全民阅读工作“三位一体”方略的认同，对全民阅读推广活动“六分法”理念的实践。所谓全民阅读推广工作“三位一体”方略，是指“学习型家庭”“书香校园”“公共图书馆阅读推广”，既要各自担当积极作为，又要组合叠加形成合力，才能共同推进全民阅读的社会进程。我认为，“书香中国”的社会基础，是“书香校园”和“书香家庭”。

因此，“学习型家长”和“书香宝贝”，是“书香校园”“书香中国”及“学习型社会”可持续发展的宝贵人力资源。而 “六分法”理念，则昭示我们要做好分级阅读、分众阅读、分时阅读、分类阅读、分校阅读和分地阅读的全民阅读推广活动。为此，我策划选题并与友生们共同主编有“全民阅读四书”——《全民阅读推广手册》《全民阅读参考读本》《全民阅读知识导航》及《中国阅读大辞典》，与国务院参事王京生先生和民进中央副主席朱永新先生先后主编有“书香中国•全民阅读推广丛书”两辑10册，由深圳海天出版社在2017年、2020年出版发行，可资参阅。

《易读》：您喜欢的个体阅读环境是怎样的？您对当前和今后的全民阅读工作有何建议？

徐雁：“插架牙签比邺侯，结茅遥占郡西头……书香一脉如溪水，今古滔滔不尽流。”这是明代文人祁顺《七律•题何氏西溪书屋》诗中的两个句子。诚然，“家有书房”该是一种比较理想的阅读环境，但正如梁实秋先生说过的，书房的大小好坏，往往与主人的读书和写作成效，并无实质性的关系，因此，关键还在于主人是否有读书的习惯和好学的情意。关于今后一个时期的全民阅读工作，我期待，有关全民阅读立法促进的条例能够由国务院正式颁发，设立“9·28中国阅读节”的民意吁请能够得到积极回应，在公共文化服务的发展板块中亟需填补市、县级“儿童图书馆”的事业空白，而公共图书馆仍须进一步加强对“未成年人”群体，尤其是“学龄前儿童”及其家庭的阅读推广服务等。惟其如此，国务院《政府工作报告》中连续八年（2014—2021年）强调的“促进全民阅读，建设学习型社会”的基本文教国策，才能在各级政府有关部门的支持下，真正落地生根，枝繁叶茂，并终得开花结果。

《易读》：请为读者推荐五本书。

徐雁：人物自传和回忆录在励志、感恩等阅读审美接受之外，还具有认同、启悟、净化的心神疗愈效果，以及了解、理解、明解历史真相等方面的作用。为此，我在家藏图书中选出五本人物回忆录推荐给大家选读：齐邦媛女士的《巨流河》（生活·读书·新知三联书店，2012年）；董竹君女士的《我的一个世纪》（生活·读书·新知三联书店，2013年）；长北女士的《飞出八咏园：问道途中的流年碎影》（大象出版社，2013年）；刘绪贻先生的《箫声剑影》（广西师范大学出版社，2010年）；亮轩先生的《飘零一家：从大陆到台湾的父子残局》（广西师范大学出版社，2012年）。

读书有二法：吃书和品书

刘申宁

刘申宁，1952年出生于上海，毕业于复旦大学历史系，曾任深圳党校副校长、香港凤凰卫视时事评论员。多年从事中国军事史、中国近代史的教学与研究，主持多项国家课题，有论著多部，在中国近代史史料学、版本目录学、古器物学等方面颇有造诣。曾多次应邀赴香港科技大学、中央党校、国内部分高校讲学。代表作有《中国兵书总目》等。

《易读》：读书最该注意的问题有哪些？

刘申宁：如今，我觉得读书首先面对的是读什么书的问题，不是所有的书都可以读的，读什么书成了现在所有读书人一个大的问题。随着科技的发展，阅读纸质读物已经成为一种奢侈了。现在是“三屏”时代——手机屏幕、电脑屏幕、电视屏幕。人们现在已经由读书转向了读“屏”，纸质的书本不再引起大家太多的关注了。这是一个新的情况，也是科技发展到今天的时代变化。而且现在的读“屏”，已经由读字改为读图，现在是图像时代，大家对文字的兴趣不大。怎么认识这个问题，这是一个大问题。现在大家都不知所措，我们原来读纸本方块字的书生，现在真正感觉到有点危机了。

我觉得读书是分层次的，有一部分层次比较低的，比如说高中生或者大学一二年级的学生，他们需要了解一些知识，从书本里学到一些美的感受，生发一点美好的情趣。这方面有比较好的书，如周国平、董桥、余光中等人的书都不错，很美，文字写得挺好，有时候又说出一些你想说又说不出的话。这是一个层面。

另一个层面是比较高的层面，就是有思想性养分的书。目前中青年学者很多，像余英时、秦晖、朱学勤等；老一辈的学者也有一些，如钱穆、饶宗颐，包括牟宗三、熊十力等，他们的书当中有自己独立的见解，有自己完整的思想体系。在读这些书的过程当中，你会吸取思想的养料，它对你思考问题、认识问题、分析问题是极有好处的。所以读书是分层次的，你达到了哪个层次，就去读哪一个层次的书。

《易读》：您认为读书有些什么方法？怎样才算得上是会读书？

刘申宁：读书的方法，我觉得有两种。一种是吃书，把书中的内容吃掉。一种是品书，慢慢品，品其中的滋味。可以说，目前相当一部分书既不值得品，更不值得吃。能值得品的书，值得吃的书，都是好书。

现在，人们对读书有一种懒惰的情绪。这几年屏幕上最红的，像于丹、易中天，已经成为一种现象。实际上人们在说这样一个道理：让于丹和易中天去读书，我们去读于丹和易中天。这叫穿别人的鞋，走自己的路，让他们去说吧！可是谁出头就骂谁，在学界，他们说于丹这个人根本读不懂孔子、庄子，还上台讲，讲了半天，以其昏昏，使人昭昭。坦率地说，目前我们的学术需要普及，于丹和易中天作出的贡献是不可磨灭的，历史会记住他们。让别人替我们读书，这是现代人懒惰的一种表现，这种情况如果发展下去，读书将会渐渐改为读提要了。那样读书越来越读不准，势必离经典越来越远。现在能读得懂古文的人越来越少，我们中华民族自己的语言，已经凋零衰落到这个程度。温习中国文化、中国传统，现在已经非常迫切了。要不了几年，我们的文言文就和吐火罗文一样，成为死亡文字，过去古人在文言文中阐述的道理也势必离我们越来越远。

由于老是希望别人替我们读书，我们现在很多人已经不会读书了。我举个例子，前些年在深圳的麒麟山庄召开第七届《孙子兵法》国际研讨会，来了世界七个国家和地区的专家，国内也有一大批专家参会。会议的规格很高，北京来了一大批上将、中将。我参加讨论的那个组有两个老先生，头发已经发白，属于宋襄公不擒二毛之类。他们阐述了一个观点，说《孙子兵法》是一部世界和平宣言。我当时大吃一惊，《孙子兵法》怎么成了世界和平宣言？孙子不是讲打仗，他是要制止战争。我就有点沉不住气了，当场就提出反驳意见。我说《孙子兵法》讲的是“战而胜之”“不战而屈人之兵”，他是说我不打你你就屈服了。你给我跪下了，靠我的威力把你震慑住，不打仗可以，但是你得屈服于我。不一定非要我动手你才能屈服于我，我的威力要达到迫使你屈服的程度，这个是和平主义吗？美国现在搞核威慑，就是这个东西。所以孙子的战略思想就是用一种更大的力量把你震慑住，让你就范。这是更高层次的战争，兵不血刃了，但是仍然要战胜你、打败你，这是孙子的思想。孙子为了战胜对方，不择手段，示形于东而击于西，使用各种办法取胜。后来从这里演变出来三十六计，三十六计其实和《孙子兵法》完全不一样，它是战术层面的，《孙子兵法》是战略层面的。这些老先生把孙子读偏了，他们抓住《孙子兵法》中的一个慎战思想——兵者，国之大事，要慎重为之。“慎战”并不代表《孙子兵法》全部思想的核心。《孙子兵法》被一些人读成和平主义的宣言，完全跑题了。这是不会读书，目前已经是一个大的问题了。

《易读》：读书究竟要读什么？

刘申宁：概括来说，读书中的三个方面：第一，读他的观点，他告诉你什么观点；第二，读他的方法，他是用什么方法告诉你这个道理的；第三，读书中的材料，他用什么材料来论证这个道理的。这三点是书里最有用的东西，如果这三点丢掉了，这本书基本不用读，没有价值。

第一个谈观点。拿过一本书，你先翻到内容提要，一般三百字左右，看完内容提要你就可以知道这本书究竟要讲什么东西。然后翻书的目录，你就知道这本书是分了几个层次来讲的。做完这两个步骤，大概的情况就了解了。了解了以后，就在这个目录中，哪一个章节、哪一段是这本书的关键内容，然后挑出来，抓住作者的重要观点就够了，其他可以略去不读。

第二个是谈方法。他是用什么方法把这个观点推导出来的，比如他是用逻辑演绎的方法，或是用历史推理的方法，还是用反复考证的办法，还是用归纳的办法，这在他的纲目当中大体描绘出了一个眉目，然后在每个章节中，你就一个一个去看他推到原理上所用的方法，这个在每一个段落看上几句就够了。

第三个他用了什么材料。不管是学术著作还是理论著作，都得用材料来论证观点，用了什么学术材料，你就要看什么。这里不是看他的正文，而是看他的注脚，每一页的页末有脚注，每一个章节完了有注释，你去看他注释所使用的书，引的书目或者材料是不是你没有见过的，这本书里面有新东西，如果这些材料都是你看过的，都是你很熟悉的东西，你就知道这本书在炒冷饭。

这三点就是读书的关键，观点、方法、材料，这三点你抓住了，这本书的其他东西可以通通不用看。吃书就是要吃这三个东西，把这三个东西抓住了，一本书基本的东西就跑不了。如果读书不积累，不做卡片，不做笔记，这个书就白读了，那是在品书，没有达到吃书的目的。

《易读》：读书有品位吗？读书需要什么样的能力？

刘申宁：读书是要有品位的，什么品位？有些人读书，是跟着作者的思路跑，作者一会把你忽悠到东，一会又把你忽悠到西边去了。在被作者忽悠得晕头转向的时候，对作者也就心悦诚服了，这是不会读书的人的特点。你看一本书，一会儿讲到高兴了，手舞足蹈，一会儿讲到悲哀了，泪如雨下，那是你被别人煽情，不知道怎么去调整和控制自己的情绪。这个叫不会读书。真正会读书的人，要具备两个才能。

第一个才能是要品出书中的不足和问题。于丹讲完了以后，会有很多人提出这个字讲错了，那个词理解错了，这个句子的原意不是这个意思，为什么啊？就是有一些人比于丹高。你要使自己在读书的过程中是一个高人，你就要超越这个书的作者，你在读书的时候就有一种“会当凌绝顶，一览众山小”的感觉。甚至有些人读完书之后，还写出一本订正，是针对这本书中的问题再写一本书来订正，这个是相当高水平的。遇到这样的书，我是必买的。比如《红楼梦订正》《三国演义补遗》，这样的书的视角肯定比一般人高，这种书肯定有价值。可以对一本书提出商榷，提出订正，这样的人是高人，读这样的书会有收获，可以在里面学到方法。读这样的订正，比如说钱大昕的《廿二史考异》，二十二史他读完了，提出很多的疑问，会告诉你怎么去读书，如何发现书中的问题，会教你一个方法。读这种书一定要从里面研究他的方法，这是非常有用的书，值得反复阅读，不停去读，一遍不行读两遍，两遍不行读三遍。这是读书人相当高的层次。

第二个就是要有目录学和版本学的知识。古人把目录学、版本学、校雠学、音韵学，这四个学问作为小学，是读书研究问题前的入门之学。这四个基础的学问目前在我国已经非常凋零了，真正懂目录学、版本学、校雠学、训诂学、音韵学的人很少。读书达到一个相当高层次的时候，必须拥有这样的知识。这些知识不过关，要在读书上达到一个很高的层次，那是不可能的。我再举个例子，我们国家研究《孙子兵法》的权威军事科学院战略研究部三室主任吴如嵩，此人做过郭化若的秘书。郭化若在延安时，写过一本《孙子兵法译注》给毛泽东看，被毛泽东称为在中国最懂得《孙子兵法》的人。给最懂得《孙子兵法》的人做秘书的吴如嵩先生，有个夙愿，就是编一本《孙子兵法》的定本。因为现有《孙子兵法》版本很多，究竟哪一个是定本，众说纷纭，所以他和中国社会科学院考古所的吴九龙等人联合起来，编了《孙子校释》。他收集了宋代以后14个《孙子兵法》的版本，然后把这14个版本放在一起比较。他们花了很大的功夫，用14个不同的版本去校勘《孙子兵法》，20多万字，出版了。十多年前第十三届《孙子兵法》研讨会在山东召开的时候，与会者就分到了这本书。我拿到书之后，当时讲了一段不中听的话。我说这本书花了很多的心思，做了很多的工作，很辛苦，但是把事情做错了。他问："为什么做错了？"你想一想，《孙子兵法》是什么时候的书？是2500年以前战国以前完成的著述。我们现在看到的《孙子校释》，所用的14个本子都是宋朝以后的。宋朝有两个《孙子兵法》的版本，一个是《十三家注孙子》，其中有曹操的注；一个是《武经七书》本。这两个版本在宋代以后演绎出283种著作，都是校勘孙子的。使用这些著作种的14个本子去校勘，等于把它又变成一个新版本。《孙子兵法》原先是4954个字，吴如嵩他们编出来的书是5063个字，这多出来的109个字是哪里来的？是宋以后的哪些宋儒、明儒、清儒们，他们研究《孙子兵法》的时候觉得这里少了个字，加上去的，这个字和孙子没有什么关系。所以你用的方法，是宋以后的加法。《孙子兵法》的注释应该用减法，由宋往前减。从孙子到宋代这个阶段，谁增加了一个什么字，把它抠去，剩下的才是孙子的原本。你把不是孙子的东西加上去，那能叫《孙子兵法》吗？清朝人的东西你也加在孙子的头上，孙子冤枉不冤枉？这就是方法错了。他在版本学、目录学的知识上短缺，所以才做了这么一件吃力不讨好的事情。

《易读》：您为什么建议读书一定得做卡片和笔记呢？

刘申宁：有些书当然不必做，比如《哈利·波特》，很多孩子喜欢看，你做卡片干什么，这种书翻翻就过去了。做卡片是为了做索引，是为了你知道自己整个的知识结构。卡片当然是你觉得有意义的时候才做，没有意义的事情少干。再比如，你读《万历十五年》，就得做些笔记，得把自己的感想体会写下来。将来你的读书笔记就是一本书，很多人愿意读这样一本书。谢国桢三十五岁时出了一本《晚明史籍考》，他花了很多时间专门读晚明人的著作，在读那些著作的时候，他考订了史籍出了本书。这使谢国桢一举成名。为什么谢国桢先生是晚明史籍方面的大家，谁都比不了的高山仰止一般的人物？因为他三十五岁就奠定了基础，写出《晚明史籍考》，他读了几百本书，并且都做了读书笔记。他这个笔记是对每种书的考订，是非常严肃的学术著作。所以读书笔记实际上是创作，而非累赘。所以说，读书需要卡片和笔记。

《易读》：如何选择一本适合自己的书呢？

刘申宁：书太多了，阅读必须首先做出选择。读书是分层次的，你得先掂量掂量自己在哪个层次，你的视野怎样，然后找相关方面的书。如果有条件，不妨多找一些在教学一线、科研一线有点成就的人，和他聊聊自己的知识结构，让他给你开一个书单。不要小看开书单，开书单是个了不起的学问。开书单是根据你的知识状况重新构架你的知识结构，给你搭房子，给你提供材料。其实真正有用的书、经典的书是不多的，绝大部分的书是垃圾。能从垃圾里面挑出宝贝，挑出经典，必须有眼力，必须识货。

《易读》：让您来推荐五本书，您会推荐哪五本？

刘申宁：我就介绍一些通用的、人生必读的好书吧。每个人这一生，如果这些书都没读过，不知道这些基本的知识，总归是有些遗憾的。比如罗素的《西方哲学史》，必须要读，要知道这些情况。剑桥出版社的《世界近代史》，要读，它可以帮助你了解整个世界的发展格局。那可是世界一流学者写的，这样的书你不读，是一件很可惜的事。比如说你要研究经济问题，一定要看萨缪尔森的《经济学》，要看哈耶克的《通往奴役之路》。这些书读完了，你才知道世界上原来有一些高人已经达到什么程度了。像这些基本的、有分量的经典是必须读的。要了解中国传统的学问，就必须读老子、庄子、孔子、孙子的著作。马礼逊到中国传教，带的学生是理雅各，他最大的贡献是什么？他把十三经——《论语》《周礼》《礼记》《尔雅》等十三经全部翻成了英文，介绍到英国去。一个洋人呀，他把中国这么难懂的东西全部翻译成英文介绍到西方去，使西方懂得中国的学问如此之高深，所以西方由此兴起了一个新的学问，就是汉学。理雅各建的英国皇家东亚研究中心，培养了一大批世界著名的中国通、汉学家，其中包括大家都知道的李约瑟博士。基本的东西奠定之后，再读其他的书，效果会更好。

《易读》：您最欣赏的学者是谁？

刘申宁：我这辈子读过的书很杂，也很多。真正给我留下深刻印象，而且推动我思想，去做进一步思考的还是余英时先生。他的思想深度、逻辑性和所展示的浩瀚如大海一般思维的宽度，都给我留下深刻的印象。所以我觉得如果要是读好书的话，应该读有思想性的东西，光读一些常识性的东西没有意思。现在的书啊，废话太多，真正有用的东西，说来说去就那么一两句。把很简单的事情说得特别复杂，这个在现在很普遍，而真正智慧的人呢，是把非常复杂的事情说得简单通透。今天已经很难找到这样的人，他必须有非常丰富的阅历，读过大量的书，有自己深思熟虑的思考，这样才会产生思想。一个人如果没有思想，你还说让他解放思想，解放的全是欲望。这个社会已经变成欲望的丛林，所以思想现在显得无比珍贵。你们现在办《易读》这样一个刊物，启迪人们多读点好书，这是为后人积功德的事情，不容易啊。希望你们能办好。

我对热爱写作的人，始终充满敬意

谢 泳

谢泳，1961年出生。山西省榆次市人。1983年毕业于晋中师专英语专业，毕业后留校任校报编辑。1986年调入山西省作协任《批评家》杂志社编辑，后任《黄河》杂志社副主编，转而研究储安平与《观察》周刊、西南联大和中国现代知识分子问题。代表作有《储安平与〈观察〉》《清华三才子》《血色闻一多》《西南联大与中国现代知识分子》《钱锺书交游考》等。他的文章平稳舒缓，但在平缓背后隐藏着深沉的思想和个人风格。2007年被厦门大学破格聘请为人文学院教授。

《易读》：为什么写作者乐于参加作协？

谢泳：从行政上讲，中国作协级别不低，它是一个正部级单位，实际相当于国家的文学部。所以你注意，作家写作有点成绩的人，都愿意到中国作协去工作。如果你在别处想升得级别比较高，挺难的，比如你要在财政厅当个处长，或教育厅当个处长，挺难，但你要到作协机关就很容易。因为它级别高，部下是厅局，像《人民文学》《诗刊》这些杂志，都是正厅级别，其实它就是个杂志社。我在山西作协的时候，单位很多人是处长，为什么？因为省作协是厅级单位，下面处级就多。

现在很多文学爱好者，很想加入中国作协，这很正常，写作想得到社会认可，也可以理解，但千万不要把那里视为圣地，作协就是一个工作机构，和其他地方没有区别。我在作协工作二十多年，说的是实话。不管加入哪一级作家协会，或不加入，都是个人选择，最重要的还是写好自己的作品。

《易读》：写作和学历有什么样的关系？

谢泳：虽然我自己不是特别能写，但我对热爱写作的人，始终充满敬意，因为写作不容易。电脑时代，使写作的人的尊严有所降低，好像谁都能写，其实不是这样的。我年轻的时候，能到作协里工作的人，都是靠写作成绩来的。二十世纪八十年代，改革开放初期，高等院校刚刚恢复，没有那么多大学生，到作协来的人，都是靠写作，我在山西作协工作的时候，好几个编辑都是农民，为什么农民能调进来？是因为他写得好。我现在也经常回山西作协，因为我家还在那里。现在进作协的人，都要硕士毕业，好像还有博士，但实际创作水平，不见得比过去高。写作方面，最不能迷信学历。诸位知道生活里有这么一个道理，凡入门低的事，要真正做好都极难。大学里理工科难？还是文史哲难？文科你要做得像点样子，真不容易。因为文科只认新东西，只认创造，理工科不是这样，理工科很多东西，只要掌握规则，熟练就行，所谓工程师，可以重复的，理工科哪里可以天天创新？天天创新都得诺奖了。所以入门低的事，做好了都难，入门高的事情，一旦进去，反而容易了。飞行员、外科医生门槛很高，但进去了，多是重复工作。写作很不容易。不要因为有了电脑就觉得人人都能写作，不是这样的。

现在中国作家里面写得好的作家，许多没念过大学，铁凝、王安忆都是初中生，莫言连小学都没毕业，后来的学历不能算，余华、阎连科的学历也不高。余秀华诗写那么好，也没有什么学历，写作是特殊才能，沈从文小学都没有毕业。

我和诸位讲文学阅历，就是要明白这个道理，写作很不容易，写好了更难，一般来说，把写作当终生职业。说实话，比较危险，因为很难养家糊口，写作真正有成绩，很难。我讲文学阅历，想表达一个意思，就是我见过很多作家，他们也很勤奋，但一生的写作，很快就让人忘掉了。

《易读》：您为何不大赞同年轻人从事诗歌和小说的创作？

谢泳：我到厦门教书后，常遇到很多学生，交流文学创作，因为文学天生对青年人有吸引力，常有学生让我看他们写的诗和小说，说实话，有这个热情，很难得。我一般不打击他们的热情，但我实际上不大赞同写诗和写小说。我一开始说了，文学创作是最难的，太难！尤其是写诗，诗只有顶级好才行，一般好，那不行。我印象中，改革开放到现在，真正靠写诗，成就了一番事业的人，连十个都数不出来。最好不要写诗，写诗太不容易。如果偶尔玩一玩还可以，千万不要全身心投入，耽误了学业，耽误了工作，有的还耽误了婚姻。当然，我这是从最高标准说的。

再说小说，也不能轻易碰。还是我前面的道理，看起来没有什么门槛的事情，做好了都极难。小说看起来很简单，很容易，谁都可以选择。大学生，十几岁的人也能写小说，但写好太难了，因为这是创造性的工作。这话也不是头一次说，我说好多年了，我在作协工作，见过许多因为写小说把自己一生好多美好的事情都耽误了的例子，有些人入了这个门以后，很难摆脱出来，所以我一般不主张人写小说。

从唐传奇到明清小说，我们的长篇不发达，只有一些章回体小说，如《红楼梦》《金瓶梅》《西游记》等，你看中国现代文学史里面，长篇小说也很少。写小说对作者的要求相当高，除天赋以外，需要对社会生活的观察和敏锐反应，很不容易，一般写小说都是玩一玩就过去了，我这标准比较高，在我的概念里，发表，不管杂志级别多高，还不能算成功。小说和诗歌是一个道理，这行业很残酷，只认最好的，其他的免谈，人们连第二好都不愿意接受。这行业就有这个特点，没有办法。

《易读》：您对文学创作选题，有何建议？

谢泳：诸位会说，那我们爱好写作的人该干什么？我也有经验告诉诸位，我觉得喜欢写作的人，如果你年轻时，能早意识到写传记是一条正路的话，你这一生在写作上，多少都会有些成绩。

广义的传记有多种，我建议诸位还是以写人物传记为首选。人物传记也可大可小，最好选一个大人物来写，大人物重要，以后总有人要参考你的书，这就算有价值。你要写小小说、诗歌的话，以后基本上没有人看，除非你写到顶级好。但人物传记不是这样，如果你选对人物，不要说写得好，写得差都有意义，因为传记一般都有学术价值。

从选题上讲，首选人物传记。诸位如果记住我这个话，从年轻的时候开始准备，到我这个年纪，比如说你写五部传记，那也非常可观。如果不能做原创的传记，就是做个重复的传记，有时都还是有价值的。陈嘉庚的传记肯定不止五部，但诸位有兴趣，找一个新角度，或者有新发现的材料，再写一部陈嘉庚传记，我觉得完全可以，只要严格按照写传记的模式来完成这个工作，应该说它的价值不用怀疑。再过几十年，要了解陈嘉庚其人，了解陈嘉庚的生平时，多少都要参考一下，肯定比写一本小说要有更多人关注。我再插一句，小说太难。小说在西方地位也是很高的。中国古代也一样，看明清“三言二拍”一类的小说集和笔记，你会发现《红楼梦》也好，《金瓶梅》也好，《镜花缘》也好，作者都是同时代里的大文人，大文人才敢碰小说。读小说需要阅历，写小说更需要阅历，年纪越大，可能你只能看《红楼梦》《金瓶梅》《西游记》《儒林外史》等，大概只能看这些东西。人物传记，因为属于历史研究，容易有长远生命，你就是给自己的亲人或小人物写传，都是有价值的。

《易读》：人物传记之外，写作上还有什么领域比较有开拓的价值？

谢泳：如果有写作兴趣，有写作欲望，做地方文史研究，搜集乡邦文献都很好。为什么要做地方史研究？中国历史的体例中，有方志传统。中国历史悠久，在历史研究中形成了这种独特的体例。西方没有方志，只有年鉴体例。方志是以记载地方制度沿革、山川地理变化以及整个社会情况的一种史学体例。人在年轻的时候，能比较自觉地建立起要研究地方文史的信心，越往后，你的写作成绩会越高。厦门做地方史的几个老前辈，学历都不高，但都非常聪明，写作道路，选的比较正确，如洪卜仁老先生，越到晚年，越受人尊敬，他同时代写诗写小说的人，现在很少有人提起了。

地方文史，可能在大范围内有一定局限，但要了解一个区域历史，就要求助于地方文史，这时它的价值就凸显出来，因为它是真实的，而且又比较有系统。厦门几个做地方史的老前辈，他们的写作，多少年以后都能结集出版，而且有时候时间越远，还能越显出重要性。说句大不敬的话，他们同时代在大学里教历史的老师，现在能想起来的很少了。

《易读》：传记阅读都有什么应该注意的问题？

谢泳：一、第一本传记最难，这个道理一定要明白。第一本传记为什么重要？因为第一本传记有原创性，从写作角度讲，收集史料的功夫是最多的，也是最难的。读传记，你一定要以这个标准来判断，比如鲁迅传记，现在可能有近百本，但你一定要知道这么多本里面第一本是最难的，第一本鲁迅传记才几万字，现在的传记有上百万字了，大部分都是扩展出来的材料，都是在第一本传记的基础上，循着它的线索不断挖掘史料，然后再扩展出来。传记写作的一个特点，大人物的传记一定是越写越长，但最重要的还是第一本传记，而且你还会注意到，越有传记的人物，传记越多，为什么？因为有先例，相对容易，写鲁迅传易，如果写一个还没有传记的人物，就比较难。因为你可能不知道从哪里下手，所有资料都要从头做起。传记写作里有个现象，就是有传记的人物，不断地有传记，没有传记的人物，总是没有，或者始终就没有。另外就是最后一本传记需要关注，如果有多本传记，看第一本和最后一本就可以，中间的基本都是抄来抄去，或改头换面。

二、判断传记的原则是自传比他传重要，自传包括回忆录一类。自传重要，但自传有短处。因为人性都有弱点，自传除了特殊情况，肯定都会遮蔽自己不愿意讲的东西，这是自传的弱点，但自传的好处是给出的史料线索，较为接近真实，但也不能全信，一般的原则是自传比别传在史料线索上，相对重要一点。

三、这个标准与社会制度有关。管制比较严的时代，自由程度偏弱。我们给出的标准是，如果一个人有同样的传记，旧的传记可信度较高，新的偏弱，当然也不是绝对的，这里的新旧，只是个时间概念。或者说，开放社会完成的传记真实性偏高，封闭完成的传记，自由度受到束缚。

四、同样的传记，如果有西方人写的，西方人传记优先，中国人传记靠后，但也不是绝对的。西方人在运用史料和判断事情的时候，自由和开阔程度明显高。我们中国人的传记，大部分不写作家的私生活，但大部分作家的私生活，实际和创作有直接关系，但中国人的作家传记里面，一般不写这些。西方传记一般有客观态度。不同制度下文化生态不同，所以传记，尤其是作家传记，西方人写得好，西方传记比较发达。

五、我说的人物传记，还是在史学范围之内，一定是严格按照史学规则来写作。还有一种文学性的传记，这属于创作，比如张爱玲的传记、鲁迅的传记，都有此种类型，我不建议诸位写文学性的传记，要写史学性质的传记。传记阅读或传记写作，大体应该掌握这几个原则。这是我个人的判断，仅供参考。

我为什么要写一本非传统的教科书？

刘军强

刘军强，山东潍坊人，先后毕业于南开大学、香港中文大学和哈佛大学。现任中山大学政务学院教授。2012年入选首批万人计划青年拔尖人才，2015年入选中组部博士服务团。主要研究兴趣：社会保障、卫生政策、公共组织分析等。

在《中国社会科学》《社会学研究》《政治学研究》、*Social Science and Medicine*等刊物发表论文十余篇。出版专著两部：《沙滩上的大厦：中国社会保险发展与治理的跟踪研究》（商务印书馆，2018）、《写作是门手艺》（广西师范大学出版社，2020）

《易读》：对于每个人漫长教育生涯中最重要的学习对象——教科书，您的总体看法如何？

刘军强：几天前，在家里某个角落竟然找到了失落已久的日记。二十年前，我正在南开大学读大一，其中2001年6月20日的日记是这样写的："今天考《社会工作××》，我们的垃圾课。×××水平不敢恭维，上课就是瞎侃，过后毫无所得，看来下学期得想法子，否则便是耽误了。"

我本科专业是社会工作，这是一个以专业助人为己任、无限崇高的专业。然而，2004年本科毕业后我再也没有上过一门跟社工有关的课，尽管这六年里，我又读了两个硕士、一个博士，而且我博士所在的系就叫社会工作。如果你问我为什么这么决绝，我会默默地给你推荐一套某出版社出版的红皮"社会工作丛书"。要浇灭一个青年对一个专业的兴趣，只需要一套糟糕的教科书就好了。鉴于中国大学很难转专业，这种教科书浪费的不仅仅是那几门课的时间，而是整整四年最黄金的时间。

教科书应当是中国人阅读最广泛而且最细致的一类书了，尤其是中小学教材。有的地方甚至因为故事进入教材而大发利市，例如有人在绍兴开了咸亨酒楼，还开发了“孔乙己”牌茴香豆，至于以三味书屋命名的书店则在大江南北比比皆是。可见，进入中小学教科书，基本就是“封神”的节奏。拿学术的语言来说，就是“经典化”（Canonization）。中小学教科书受抨击的历史实在源远流长，不多我这一个。而且我已经摆脱中小学教科书二十多年了，所以体会已经淡漠。所以，我今天把炮火对准我熟悉的对象——大学教科书。

我的大学生涯长达十年，见识了无数糟糕的教科书。我很清楚大多数教材的功用无非是应付考试。期末之后，它们最好的去处就是跳蚤市场或者废品市场。当我翻开这些熟悉的教科书，看到书中一个又一个的定义、原则、理论，再看到一段段叠床架屋的段落，再看到一个个作者不知从何偷来、不明所以的例子时，总是需要克制自己去卫生间的冲动。

社会工作系列教材并不是故事的全部。本科四年我读过的恶心教材何止这些。国内某高校L教授写的统计学教材成功地把一堆文科生对数学的兴趣团灭了。我因为数学不好才选择文科，本来就对统计学充满恐惧。师兄说，我们这个专业唯一有技术含量的课就是统计学了。于是我硬着头皮看下去，然而无数没有说明，但“假设我懂”的数学符号，干巴巴的行文，以及毫无逻辑的内容编排就把我给灭掉了。我看不懂“T检验”是如何做的，我也不知道是何方神圣提出了这么一个东西，也不知道这东西是用来干什么的。期末考试后的那个寒假，我惴惴不安就怕挂科。后来果然，宿舍里五个兄弟挂了三个。我和另外一个兄弟侥幸过关，一个60分，一个61分。事后，最大的感受就是本人智商实在太低，不足以学懂统计学。

《西方社会学理论》课本来是最有深度的课之一（你马上就会看到“然而”）。然而，系里德高望重的H教授主编的教材简直是一个灾难。全书几十章，写作是他和他的博士生合作而成，大概每人一章。他的博士大多还没有毕业，那个年代英文文献又不方便查找，就是有文献作者们估计也懒得看。那本书里有各种稀奇古怪的句子，经常一句话的字数会达到三位数，里面有若干个状语和插入语。当然，他们所概述的那些胡塞尔、哈贝马斯绝非善类。但是我有时会不怀好意地想，如果按照中文翻译回去，韦伯、吉登斯还认得出他们自己的观点吗？

就这样，这门最有技术含量的课本来可以让我这个文科生建立一点科学素养，这门最有深度的课本来可以让我这个生活在表层的人加点抽象视角。然而，它们合力毁掉了我和我的同学们进一步深究的兴趣。它们给我们带来的除了糟糕的上课和阅读体验外，还让我们觉得学术是如此枯燥和无用。

直到几年之后，我在香港中文大学图书馆里查阅几本英文的统计学教科书（例如《统计学的世界》），才发现以我的智商好像也能弄懂。书里不仅告诉我T分布的T是指“学生”（Student），这是英国统计学家威廉·希利·戈塞特（William Sealy Gosset）的笔名。而戈赛特之所以匿名是因为他当时任职于一家啤酒厂，厂方不允许员工发表论文。业余喜欢数学的戈赛特只好用“学生”的笔名发表论文。书里若干个不厌其烦的例子也让我明白了T检验有什么用处，甚至让我想到了我的生活中哪些场合可以用。不仅如此，书还提供了丰富的参考文献。我顺藤摸瓜，读到《女士品茶：统计学如何改变了世界》。统计学发展背后竟然有那么多有趣的故事（而且能读懂）。我这个最怕数字的文科生竟然也开始用量化的方法来做研究了。

《易读》：经历漫长高等教育教科书的不快体验之后，您在写作“非传统的教科书”时，有怎样针对性的考虑？

刘军强：2014年12月，一位名叫詹姆斯·斯图尔特（James Stewart）的数学老师去世了。他留下一套美妙绝伦的房子——积分楼（Integral House）。这套房子不仅美丽，而且昂贵——建造花了2400万美元，如今市价已经过亿。一个数学老师为什么如此有钱？原因很意外，他是《微积分》的作者，这套教材的版税收入高达2900万美元。这些令人咂舌的数字背后是：斯图尔特花了七年时间去写这本教材。

这本书又让我想起了大一学高等数学的惨痛经历。我就不再像祥林嫂般的絮叨了。国内有无数的微积分和高数教材，想必上过高数的同学都有扎心的体会。我们的教材和斯图尔特的教材有何区别呢？还真巧，他在访谈中谈过这个话题：当我的出版商告诉我有关中文翻译的事时，我很惊讶。通常大家认为，中国人很擅长数学。我在中国时看了一些中文教科书——我不懂中文，但我能看到他们在做什么。它们有点像北美二十世纪五十年代的教科书，非常严肃刻板，很适合聪明的学生，但对其他人来说并不友好。

斯图尔特说得非常客气而又克制。“面向优秀学生，你看不懂是你水平不行”，这只是中国教材的诸多问题中的一个而已。更恐怖的是粗制滥造。我听说过这么一个段子：有个学生，从本科开始立志考上北京某高校的研究生。该系的若干本教科书他背得滚瓜烂熟。背得越熟，这位朋友越觉得这些教材写得好，越经常给同学讲各种微妙之处，眼里仿佛若有光。可惜运气不佳，复读四年后这位兄弟才得偿所愿。选定导师后，他本想大干一番，结果导师布置的第一个任务就是组织师门的几位同学编写教材，而且写的教材包含了他考研时背过的那几本。

于是，他的世界崩塌了。

鉴于以前阅读各种恶心教科书的经历，我从担任教职起就想写一本反传统的教科书。它应该是这个样子的：

1. 要有意思。它不应苦大仇深，而应非常轻松，能够让别人一直翻页，而不是看两页就哈欠连篇。应该用平等的语调跟读者交流，而不是爹味儿十足。

2. 要有干货。这本书应该让读者拿着荧光笔画画画，不断地点头，但又不断地蹙眉沉思。当然，密集的知识点不应该带来密集恐惧症，干货原则不应跟有趣原则相违背。因此，这密集的知识点必须要以轻松的方式表达出来。

3. 要有回甘。一本糟糕的教材会很快出现在闲鱼、孔夫子或者废品市场。一本出色的教材则会被读者一直放在书架上，搬家时也能够享受旅行的乐趣。要想让读者不会用后即弃，这本书就不能只是介绍纯粹的知识点，而是能够引起读者思考，不能只针对眼前的这几个学分，而且对职业发展也有启示。

4. 要有层次。它能够服务于不同层次的读者，外行不觉得深，内行不觉得浅。读者读完之后，应该打开更多的书，而不是对这个领域彻底丧失兴趣。

决心越大，其实心里越是没底。写教材没什么收益，根本无法跟正规发表的论文相比。师友中善意提醒和泼冷水的都大有人在。年纪轻轻就要写教材，更容易招惹话柄。不过我这个人主见很强。如果不趁着年轻体力和胆量都旺盛的时候把想做的事情做了，年老体衰时就只能慨叹蹉跎了。

清华的老先生们经常一门课上完，一本书就出来了。这背后是扎扎实实的阅读、备课的功夫。近些年，清华大学社会学系出过一套讲义丛书，例如周雪光教授的《组织社会学十讲》和赵鼎新教授的《政治与社会运动讲义》都是在他们多年备课基础上写成的，绵密扎实。虽然用了谦虚的“讲义”之名，但早已成为学生学者案头必备的参考书。

我决心从授课开始积累。从我在西南财经大学从教开始，我一直担任“社会科学研究方法”的授课。这门课表面上与写作无关，却关系到说理写作的底层逻辑——科学思维。作为一名文科生，过往的教育基本上没有告诉我们怎样发现问题，怎样用科学方法去收集数据解决问题，以及怎样把发现以规整的方式写出来并跟别人交流。而这些难道不是写作课也要关心的根本问题吗？

所以，我回顾了读博士期间自身思维从“印象主义”到“经验主义”过渡的历程，立足于引导学生建立现代社会科学式的思维方式。尽管方法课的课件俯拾皆是，我还是广泛阅读，并把自己的思考体现进去。后来发现，我自己的那些思考因为跟学生的学习能更直接地贯通，反而更受学生欢迎。“选题四象限”“比较差异、寻找机制”八字法则等在课堂上讲过多遍，后来在写作的时候很顺畅地就诉诸文字了。

在前期方法课积累基础上，2016年我开始设计一门写作课，目标就是通过备课、授课系统地整理思路、积累素材，最终将历年所积累的材料整理成一本书。我设计了写作课的一些主题和要点，并列了一些阅读材料，开始断断续续写些文字积累着。之后，我发给一个学生请他从学生角度提意见，毕竟最终的用户还是他们。

2017年返回广州后，我开始承担一些行政职务，耽误了一些时间。人需要不断地跟惰性斗争，跟各种竞争时间的由头斗争，跟各种伸过来的手斗争。目标既定，所以材料积累始终在进行，我系统搜集写作类的书籍，最终摆满了一个书架。2018年，我决心加快写作速度，不能干等想清楚再写。只有写起来，才更清楚需要何种素材，以及整体如何架构。到2018年底，全书三分之一的篇幅已经完成。

我从2018年6月起开始担任副院长，行政琐事非常多。表格、会议、各种随机发生的事情都需要马上处理。我没有曾国藩所说的“耐得烦”之本事，反而日益觉得岁月空耗。所以，写作成为我对抗“虚无感”的一种方法。行政琐事浪费时间，不过也催生了相反的机制：我的时间观念被紧缺激活了。原先的周末和假期都是闲散状态，但是现在其对我来说却是无比珍贵的写作时间。

2018年底到2019年初的几个月，我利用金贵的期末和寒假，一鼓作气完成了一半的篇幅。此时，我对整体进度已经非常有信心了。这个寒假，老婆孩子都回老家过年，我则留在广州写作。为了保证身体状态，我打印了一张表格，列了几种简单的体操，每写一段时间，我就起来活动一下，然后打一个勾。几个月下来，虽然强度很大，但是身体基本没什么难受的地方。这就是年轻的好处，所以重要的事情一定要趁着年轻的时候做。写作进展顺利，但是难免生活枯燥，我主要是看电影解乏，另外拿望远镜在校园里观鸟。校园里最多的是红耳鹎、白头翁、乌鸫等，偶尔能看到猫头鹰、画眉。有时候累了，我会在阳台上看着那些红耳鹎，羡慕它们自由自在的生活。我也从它们流线型的身体和流畅的飞行曲线中体会文字的流动感。

一旦进入状态，进展越来越顺利。2019年5月3日，书稿达到十八万字，初稿基本写完（这是最难啃的骨头）。篇幅既然不再是重点，后面的删改就相对容易了。2019年暑假又是一个黄金写作时间，可以全力打磨稿件。9月底，可以对外征求意见的1.5版出来了。我打印了若干份，交给几个信任的朋友（彭长桂、丁辉等），请他们提意见。10月24日，吸收意见修改后的2.0版本出笼。圣诞节时，版本已经迭代到3.5版（把习题部分全部重新设计了一遍）。那段时间我经常往返于小北门的打印店，非常开心地看到每个版本的出炉。实际上，这个3.5版已经完全可以交付给出版社。但是我深知，书出版之后我就没有机会再修改了。我想利用2019年年底的期末和寒假再次打磨。

然而，2020年初，中山大学公布了寒假放假通知，只有三周半左右，这是若干年来最短的一个寒假。有一天，我走在校内马岗顶的树林里，心想这个行政大机器什么时候能够停一下啊，让我这颗小螺丝钉能专心地把书改完。我知道这是痴心妄想，个体的命运要么是被卷入，要么是被闲置。整个寒假扣掉过年必要的休息，顶多有三周时间。于是，每天早上我起来之后就在躺椅上修改文字。每一章，每一节，每一段，每一句，我都进行打磨修改。那个寒假，天气非常好。我们家多了一个小朋友，内弟家的小孩来这里（广州）过年。儿子跟小表哥玩得非常开心。家里总有两个小孩的欢笑声，我的工作状态也非常在线。

后面的事情所有的人都没有预料到。1月20日，我在办公室改到4.5版，之后跟院长一起去探望一位百岁老人家，因为这是他的生日。此前在12月底，我从微信上看到过武汉肺炎的零星报道，但是消息一闪而过并未引起我的特别注意。看完老人，院长告诉我他明天要回湖北。我开玩笑说，你最好不要经过武汉。谁知，几天之后，武汉就封城了。

疫情的发展超过所有人的想象。庞大的社会瞬间摁下了暂停键。虽然每天的消息让人焦虑，但对我来说，这意味着寒假的无限延长。开学延后，网课四月份才开始，没有会议，没有应酬，所有的外部干扰都因为疫情被屏蔽掉了。我的全部精力都放在了修改上，2月1日：5.0版；3月2日：6.0版；3月17日：7.0版；3月20

日：8.0版。我最终在3月21日将电子版书稿发给了出版方。如果没有疫情，我很可能会以5.0版左右的面目交稿。经过多次征求意见，书名最后确定为《写作是门手艺》。从2016年到2020年，五年时间就这么过去了。我有时会想：如果没有这本书，这五年会留下什么印记吗？

《易读》：《写作是门手艺》这本“非传统的教科书”出版后，都有怎样的市场和阅读反应？

刘军强：普利策奖得主华莱士·斯泰格那在《斯坦福大学写作课》（中文2021版）写道：“出版书籍的作者，就像手握发射器，却没有接收器的人一样，他向全宇宙发送广播，却不知道所发出的信号是否找到了一双耳朵。他写下自己的名字，放进瓶子，塞上软木塞，放在大海上让它随波漂浮，期待某个地方会有一个笔友，在未知的岸边捡到它。如同在大峡谷丢下一根羽毛，等待听到一声巨响。”

这段话活生生写出了作者的无奈：写书不易，知音更是难求。2020年8月4日，我冲到快递那里打开一个包裹，里面是《写作是门手艺》的毛样。编辑体谅我想看“亲儿子”的迫切，于是把毛样看后第一时间寄给我。大约一周以后，这本书正式上市，开始陆续走入读者家中的书架。如今一年过去，这本书没有上过豆瓣首页，也没有被网红们推荐，五花八门的各类年度图书和榜单一个也没进。我没有任何流量，手中仅有一个从零开始的小公号。这一年下来，艰辛备尝、心灰意冷。也许一本书的正常命运就是逐渐被忘记，消失在泥沙俱下的出版洪流里。我自己做的那些推广几近于无用功，所以当“躺平”一词开始流行时，我竟产生了无比的共鸣。

不过，没有顶流支持，这本毫无话题感的书靠着口碑印刷了五次。尤其是，三个标志性的事件让我这个疲惫绝望的人感到一些温暖。

第一件事是《写作是门手艺》上市一个月就被盗版了。9月，有人告诉我在某宝上买到了盗版。我并不相信，毕竟这么一本教写作的书怎么可能有市场价值呢？但是后来我的学生买到了盗版，再到后来在我的写作课上，大约有40%的同学拿的都是盗版。我才相信这个现实。编辑说有链接可以封店。但是盗版链接都极为狡猾，销售链接卖完后就消失了。我觉得这件事也可以从积极的方面来想，因为盗版商是市场非常敏锐的一群人。他们愿意进行盗版这本毫无话题感的书，这背后的肯定比上十个榜单的价值还要大。我本来想写一封给盗版者的信，但后来想想算了，就算是给社会做公益了。毕竟，我的成长过程中也得益于无数的盗版书。

第二件事是关于一个六年级小学生。2020年8月下旬的一天，我收到中国传媒大学王老师发来的几张图片。我曾送给王老师一本《写作是门手艺》。这本书她拿回家之后被他六年级的儿子打开了，结果从中午12点半吃完午饭到下午4点，这个小男孩一直捧着书看。王老师发了几张这个胖嘟嘟的小男孩的照片，其中有一张还是这个小孩“四爪朝天”躺在床上看，就是放不下来。这个小男孩只有十二岁，一下子刷新了读者的年龄下限。我很开心这本严肃的说理写作书对小学生来说不仅能读懂，而且还蛮有吸引力。当时我正在外地回广州的高铁上。这个事情给我带来的愉快感至今难以忘记，我分明能感觉到多巴胺正在咕咕地往外流。

第三件事来自一位陌生的读者——东莞图书馆的杨河源先生。他用繁体字给我写了一封邮件，看文字就知道此人属于古风翩然，对文字极为讲究和挑剔的人。他对《写作是门手艺》极为肯定。后来我们打了一个电话，一口气聊了四五十分钟，尽管没有见面，已成忘年之交。杨先生代表的是最纯粹的读书人和最挑剔的那一类读者。得到他的肯定，我内心的焦灼淡了许多。他自称是一个自了汉，但是却专门把我的书推荐为东莞图书馆的学习用书，并由馆方购买二百册，还邀请我去东莞图书馆开讲座。见面之后的畅聊，让我既兴奋又有压力。河源兄阅读量惊人，至少在我认识的人里无人能出其右。随便一个点，他可以延伸出一大堆典故和有趣的观点。所以跟他交谈，几乎是一种奢侈的私教课。

总之，盗版的出现、六年级小学生的手不释卷，以及来自最挑剔读者的肯定构成了三件标志性事件。《写作是门手艺》纯粹是个人行为，它不属于统编教材，所以不会进入优秀教材奖的名录，也不会拿文津等图书奖，也不会上畅销书榜单，但是这三件事情会让我知道我所做的一切没有白费。

写作过程的艰辛已经如暮色一样后退，只在日记中剩下若干零星的记录了。写书最有趣的就是你会因此结识很多本来一辈子都不会认识的朋友。写作过程中，无数朋友鼎力支持；过去一年，很多读者给我写信给予鼓励。我说希望这本书能成为你和我的对话，读者们说很享受这样的对话。我说希望这本书能有自己的声音，读者说听到了我的声音。这种心灵默契，这种因书结缘的美妙，是对作者最大的奖赏。末了，以曹丕的一句话作结：

年寿有时而尽，荣乐止乎其身，二者必至之常期，未若文章之无穷。

我这十年

年年花相似，岁岁人不同，人就是时间的刻度。十年，用人生岁月来丈量，是世事的变迁和生命的成长。外在的际遇或许难以把握，但通往内在精神世界的宽广道路却依然笃定。阅读，就是一个人的精神史和成长史。

十年，文字家园

安武林

2021年，是《易读》创办十年的纪念日，收到李正祥先生的约稿信，怦然心动。我是《易读》的老读者、老作者，是李正祥先生的老朋友，曾经应他之约，为东莞图书馆做过一次讲座。所以，毫不犹豫答应了，欣然答应了。十年，是一段不长又不短的时光，按照我们国人的文化习惯，是值得总结和回顾的好时机。正好，我也按照十年的线索，从文字经历的角度，梳理一下个人的人生轨迹。从个人的经历中，折射国家发生的一些可喜的变化。

在《易读》创办的十年前，也就是2001年，我出版了人生的第一本书——《天使不忧伤》，由湖南少年儿童出版社出版。很薄很薄的一本书，后来再也没有重版。我只能说，自己的写作很稚嫩，尚不懂得如何写一本书。到2011年，正好十年。十年间，我共出版了散文、小说、诗歌、童话短篇集，共三十九本书，都是儿童文学书籍。2011年，那一年，我出版了儿童文学著作13本。非常值得纪念的是，我在人民文学出版社旗下的天天出版社第一次出版了个人的系列丛书，“安武林金蜘蛛诗意童心”系列，共八本。此套丛书的名字是曹文轩先生帮我取的，这是我们友谊的见证，也是他提携和关爱我这个后辈的一个证明。

那时，天天出版社刚刚成立两年。天天出版社的前身叫外国文学出版社，历史上曾经出版过许多优秀的外国文学著作。当时，国内的出版界发生了很大的变化，而儿童文学的出版正是黄金时期，所以，人民文学出版社的决策者们顺应出版形势变化，果断地把外国文学出版的方向调整为少儿图书出版。我很幸运地出版了个人的各种文体的合集。我不能不说，《易读》创办，和我个人作品的出版进入快车道几乎是如此的巧合。从2001年到2011年，十年间，我出版图书最多的那一年，正好是《易读》创办的那一年。一年出版十三本书，而我个人的系列丛书就占了八本。我和《易读》都很幸运，赶上了好时候。

2011年，网络的力量很强大。我在新浪上开的博客，差不多可以证明。恰好，我在2011年的年底，总结了那一年的个人成绩：

2011年，那么一晃，就过去了。现在的感觉是，白驹过隙这个成语，人们不太喜欢用了，而小沈阳的眼睛一闭一张，倒是很流行。

工作上：完成了金波先生的赏析版丛书，八本（主要是后四本）；完成了秦文君女士的赏析版丛书，八本；通过选题三个；帮出版社做了一些产品的宣传工作。

写作上：出版了“安武林金蜘蛛诗意童心系列”，8本。小说散文诗歌童话都有。尤其是诗歌，受到了妈妈们的追捧。从当当网上的留言可以看得出来。

出版了《一只耳朵的兔子》童话集。

出版了《中国儿童文学作家群像》散文集。

出版了《刺猬将军》童话集。

出版了叶圣陶四本点评。

家庭上：携带家人去海边旅游了一趟。

亲情上：给老父亲购房子一套。

兴趣上：淘书若干，获签名本若干，毛边本若干。

爱好上：基本上告别了白酒。

形象上：大胆地以光头示人。

友情上：参加朋友婚礼一次。结识新朋友若干。

好像就这么多了，满意与否，都这样了。遗憾多多，只能2012弥补了。

当时个人总结的这篇博文，阅读量569，评论四十五条。从这篇博文中，可以看出来，春晚还是很受观众的喜爱，小沈阳火了。

我住的村子，是一个小镇。我在乡下的老屋，也就是两排窑洞，塌了。父亲没有住房了，我购买了一套移民房。当时，镇政府为了解决山上村民生活和资源困难的问题，把山上的几个村全部迁移到了山下的我们的村庄。探马沟和孟家岭，我都有老亲戚。

我是2003年初到北京，2004年正式调到北京工作。从西安大型汽车制造业跳到少儿出版业，是一个不小的跨越。2007年，我被北京出版集团人才引进至北京，全家人随迁。至2011年，我在北京工作和生活也差不多快十年了。我在北京少年儿童出版社策划并撰写赏析的名家书系，受到了少儿出版界的瞩目，引起了不小的轰动，是是非非的议论也不小。有成就感，也有压力。我第一个撰写的是杨红樱的赏析丛书，共三本。第二个作家是郑渊洁，第三个是曹文轩，第四个是金波，第五个是秦文君。丛书冠名都是双作者。2011年，完成的是金波和秦文君的赏析。因为身在出版界，所以对中国少儿出版非常关注，我应约给不少媒体写过年度的少儿出版综述文章。2011年，我写的是《2011年中国少儿出版一瞥》。

2011年，高考结束后，应《山西晚报》之约，我写了一篇高考作文，刊发在《山西晚报》上。文字虽短，却从一个侧面反映了农村的变化，尤其是折射出国家对国计民生问题的关怀和扶持。

唇间的那一抹微笑

父亲大约一生很不幸罢，倒插门进我家，和母亲开始了漫长的劳作。我们家八口人，爷爷、奶奶、父母，兄弟姐妹四人。父亲上要养老人，下要抚养我们四个孩子。那些艰苦的日子，常常是捉襟见肘。土地很贫瘠，辛苦一年，粮食不够吃，没有油，母亲经常以泪洗面。生活的不幸，出身的悲惨，让父亲郁郁寡欢。猛一看，他的面相就是一脸的愁苦。偶尔的微笑，也是苦笑。

我很早就独立了，学会了炸麻花的手艺，小学没毕业，开始人生的漂泊。后来，我上了一所职业中学，1988年被山东大学免试破格录取。父亲没有一点欢喜之情，只是很愁苦地说："孩子，咱们不上了吧。"我知道，家里不仅没有钱，而且还欠着很多外债。我一咬牙，说："不用管了，我自己解决！"。我差不多是自己借钱上完大学的。在大学期间，家里遭过大旱，遭过蝗虫灾，日子雪上加霜。那一年，家里接二连三出事情，父亲请了一个风水先生，装神弄鬼，全家人都跪在院子里，给神磕头。爷爷如此高寿，也下跪了。

我听说后，很愤怒，又觉得很悲哀。好像鲁迅笔下的情景重现了一样，但我还是落下了泪水。这就是生活啊。大学毕业后的第二年，母亲，爷爷，奶奶，相继去世。家里整个都坍塌了。后来只剩下父亲一个人，他不愿意和儿女们住在一起，所以，他住在当年他亲手盖的，后来分家分给我的窑洞里。大约是他喜欢清净吧，或者说他喜欢怀旧。

那一年，我回家的时候，突然发现父亲唇间那一抹笑容很灿烂，很舒心。我很惊奇。这么多年，从来没有见过他如此幸福如此清澈的笑容。他兴奋地对我说："你知道吗，现在把税免了，以后不交税了。"这时，我才明白他说的是国家的政策，免除了农业税。再后来，村里给所有的人都上了医疗保险，父亲的笑容更灿烂了，似乎，幸福生活才刚刚开始，他的人生才刚刚开始。我很能理解父亲的笑容的含义，因为是从农村长大的。而我也相信，无论多少数据的变化，都不如父亲唇间的微笑更有力更感性更令我感动。

我到出版社之后，有一个小小的变化。从前，只喜欢新书，对旧书很是讨厌，对那些喜欢藏书的人花大量的时间跑书摊很不理解。到出版社之后，才知道这是一门学问，每一本旧书，都是那个时代的缩影，都记录着出版的历史。我喜欢淘书，藏书，搜集签名本。十年间，有不小的收获，也曾出版过这方面的图书。

2012年，我出版了个人的第一本读书随笔书《爱读书》，精装本，由江西高校出版社出版。这是我的书评集，是和朋友孙卫卫一起出的，他的书叫《喜欢书》。2014年，我在希望出版社出版了三本书《这些人》《这些事》《这些书》，内容都是书人书事，其中还有不少淘书的故事。2015年，我在江西高校出版社又出版了一本读书随笔《在厕所读书》，软精装。另一本随笔集《醉书林》，基本上都是我的随笔和读书随笔的结集，也是江西高校出版社出版。

非常值得记录的是，我的第一本儿童诗集，也就是“安武林金蜘蛛诗意童心”系列中的一本，在2013年荣获第九届全国优秀儿童文学奖，和我诗歌一同获奖的另一个诗人是任溶溶。这本诗集是我的代表作，曾经改版一次，累计印刷四万多册。

我把自己的创作出版年表，做了一个整理。2001—2011年，共出版各类作品三十九本。而从2011到2021年7月之间，共出版各类作品二百六十二本。从2001的第一本书，到现在的三百一十一本，几乎是火箭般的出版速度，其实，这只能证明一点，中国儿童文学或者说中国少儿的出版处在黄金时期。而短篇作品的受重视程度，前所未有。

十年，《易读》。《易读》，十年。这一期纪念，我交一份作业，算是对《易读》杂志的汇报和陪伴。深深祝福她。

（作者为知名作家、诗人，出版过多种儿童文学著作和诗集。曾为《易读》撰稿数篇。）

读与写的自在生活

朱晓剑

对我来说，对成都认知也是近十年的事，不仅阅读与此相关，就连写作也多与这个相连。1997年初到成都，当时只是觉得只是路过这座城，不会停留太久，毕竟那时要想挣钱，最好去沿海地区，那边的机会比成都多得多。但在成都待的时间越久越喜欢这里——如果追求不太多的话，完全可以过舒适日子。

这一点需要时间才能检验。要说在成都的扎根，也完全是得益于阅读与写作。早年在成都寻下工作，即是与文字结缘，做过校对、记者、编辑，总之是靠文字生活。后来涉足写作，阅读则让我看到更为丰富的世界。2005年在《新书报》时，已开始接触到读书民刊，当时也只是给几家报刊投投稿，书写阅读感受而已，未曾想由此带来了生活的改观，迈入了读与写的自在生活，所谓自在，在我看来即是一种放松生活的心态。

漂泊的灵魂

成都看似休闲，但对一个初来成都的人来说，要想体味到这些休闲，却也非易事。最起码要不再为生活奔波，这才有余力享受休闲。尽管那些年看似浑浑噩噩过日子，在成都的不同媒体间跳来跳去，并没有让生活有很大的起色，却让我见识了形形色色的人物和故事。

我还记得那些年，过的是漂泊日子，居所多次搬家，以贪图房租的相因（价格便宜），但这样下去，终究不是长久之计，却也无可奈何。年岁增长，却依然过得不那么如意，至少是与想象的有很大的差距。那时我虽然也爱淘书、看书，但很业余。我也曾在孔夫子旧书网开一家网上书店“读书公社”，开了几年时间，却因货源有限，收入不高，也还是难以养家糊口，终究没有能够做下去（也许是欠缺商业意识也未可知）。我思来想去，还是回归文字行当。

不过，我也不愿意到一家纸媒去工作，因为我看到网络让写作拓宽了界限。尽管当时的纸媒也还发达，但网络论坛正在流行，“天涯社区”风靡一时，我也还在“天涯读书”版块担任版主，和朋友编辑《天涯读书周刊》电子杂志。这时，我依然是东一榔头西一棒槌地写稿，不成样子。但好在写出来的文稿，多少也能换回些许散碎银子。有时候也焦虑，毕竟一家人需要生活，如果写作不能养活家人，那就只好改行去做其他的了。这一段经历，是一种漂泊的状态，好像是无所依归。那段时间，只有不停地写下去，不管怎样，只要有收益就好。这样就渐渐地有了些许起色。写得多了，也就明白，要更上一层楼，还需对自己的写作有更多的规划才成。这个过程，艰辛，却也尝到了许多乐趣。

2010年，终于把家安在了成都，孩子也过来读小学。看似生活步入了正常状态。我深知，在通往幸福的路上，不能靠别人，唯有自己的不断努力，才能更接近一些。

主编“丛书”

如果说自己在媒体界的漂泊，是一种准备工作，也是恰当的。因为结识的人多，也就见证了形形色色的人物，这些人物与故事也就成了创作的源泉，由此也拓宽了我的视野。

这其实更应该感谢的是阅读，这十年，在读书的路上坚持了下来。尽管不少人说读书没有多大用处，但我却享受到阅读的“红利”——出版新书、主编“丛书”，又或者说这两者有着微妙的联系。因为阅读，先后在中国台湾出版了五本作品，随后与吴鸿等人的结识，主编“读书风景文丛”，这一套书共有十八册（原定是二十册，后因故只出版了十八册），虽小众却风靡一时，这背后即是此前从我通过网络接触的全国爱书人当中，精挑细选出来的作者，这才有这套书的出版。这之后，我的创作和策划出版就一发不可收，由北京蜜蜂出版策划的《闲言碎语》《书店病人》《后阅读时代》先后出版，如果不是因蜜蜂出版突然出现变故，出版的图书还要更多（《读书民刊漫记》这本书已排好版了）。这些图书的出版，给了我许多信心。

此后，因缘巧合之下，接触到全国民间读书年会，且连续参加多届活动，为读书年会组织活动、编辑书刊，这也让自己在深度参与之下，被更多的爱书人认知，这在某种程度上也在拓展自己的视野了。

不管怎样，正是这些看似与阅读有关的微小事情，却在悄悄地改变我的生活。2013年参评首届全国“书香之家”时，我对外的身份依然是自由撰稿人，连作家协会会员都不是，这样的状态看上去更是野路子。虽然发表、出版作品，却与作协没有太多的关系。

第二年，在获评首届全国“书香之家”的同时，我也成功签约成都文学院。先后出版了《后阅读时代》《书店病人》和《天天见面》，这几本书让自己获益良多。这是因为我在中国青年出版社开始主编“寻味书系”，先后出版了五部作品。这之后，我也在策划“书虫行旅”丛书，这套书最后因为出版社编辑换人的缘故，不得不暂停出版。尽管如此，也让自己对出版领域多了一些了解。

再后来，还曾和出版机构策划一些读书文丛，这类图书却因印量太少（三千册的印量也难达到），也就没能继续进行下去。不过，这以后我倒是和成都的毛边书局·桃蹊书院策划了好些书出版，颇受好评。这当然是后话了。

阅读的翅膀

当然，作为爱书人的阅读，最初的状态是逮着什么书都看一下，没有主题没有方向，然后写出符合报刊发表规矩的书评来，再投稿给不同城市的媒体发表。因为和媒体编辑熟悉之后，常常给出的是首发文稿（尽管多数媒体之间没有强调首发），所以就逼着自己多看多写。这样的好处是在阅读这一块，走的路越来越宽。比如最初只是关注文学领域，后来关注社科人文，还一度关注“小人物”、在地文化等领域。其实这也恰好说明了，在当时做一个书评人的不易，必须依赖于大量的阅读，才能让自己的视野够宽广。

我还记得那些年在《春城晚报》《海南日报》等媒体上常常写读书专版文章，这些文章有的收录到后来的阅读图书中。这当然是阅读的“副产品”了。

此外，由于经常写书评，与出版社或出版机构的营销人员就有了往来。这样的好处是知道不同出版社的“口味”、方向等等，因此这种接触看似无关紧要，却为自己的创作提供了些许方向，比如当历史文化类的选题发生变化的时候，自己的创作却没有受到太多的影响，那是因为自己以生活为主题在创作，这样的好处是生活在变化，自己的创作跟上趋势，就不难写出新作品。这就是活水之源。又或者，这类图书出版不易之时，恰好此时我在天津问津书院听谢泳先生的讲座，他认为成为优秀的作家不易，但做地方文化却有很多的机会。这也促使我从文学向地方文史的转变，在这一块相继做出了些许成绩。确实，这些都给了我很多启示。

阅读的翅膀不断振动，让我感受到阅读的魅力，并从中获得新能量，从而在阅读、写作的路上走得更为宽广一些。

新媒体拓展未来

当许多作家还在孜孜以求地于传统文学领域耕耘之时，我已开始涉足博客、豆瓣、微博、微信公众号等新媒体领域了。这是个摸索的过程，也是不断累积经验的过程。2015年下半年，我签约今日头条，成为最早的一批签约作家。像我这样写书评、文化类的作者在娱乐至上的今天，生存空间是逼仄的，就阅读量而言，也是不太高的。尽管如此，我还是签约了一年，这也让我获得了“四川最具价值头条号十强”的荣誉。

第二年我进入到成都市文联工作，虽然是作为临聘人员进入到这个文化系统当中，却因自己熟悉当地的许多作家、诗人，将工作开展得很不错。更何况自己做的新媒体也需要内容支撑呢。此后，我时常在新媒体上介绍成都作家的动向、品评作品，这样的推介也让不少作家更为大众所知，“原来我们成都还有这样的作家”。反过来，这也让我对成都文化有更深入的了解。

应该说，如果没有这些年的新媒体经验，可能我还会像传统作家那样，只是在传统媒体发表作品，很难坚持下来，让自己的喜好成为生活的一部分。

这十年，我的家庭也发生了很大的变化：两个孩子从初来成都读书到今天读大学。如果是在我的老家安徽临泉县，恐怕早就是高中读完就出去打工了。但我深知，像我这样从农村出来的人，可能在许多领域都是欠缺的，好在有自知之明，知道一步步去弥补缺憾，让自己成长起来。这个过程艰辛，也有无穷的乐趣。这样的体验，更是知与读相结合的过程。

（作者为阅读推广人，入选首届全国“书香之家”，出版有《书店病人》《我在书店等你》等图书二十余种。曾为《易读》撰稿数篇。）

读书堪为稻粱谋

禾　刀

这是不可否认也无需否认的事实。

这十年来，我的阅读兴趣，在相当长的一段时间内是受功利驱动的。

十年，对大多数人而言，只是一个不止十分之一的人生切片。不管这十年是否足够重要，都是一个人未来人生完整叙事不可或缺的篇章。若要问我这十年中的几个主要收获，毋庸置疑当属日复一日不可阻挡的年龄增长，与东莞图书馆《易读》的结缘及其为其创作的为数不少的文章，还有家里那堆得越来越高的书籍。

时光倒回到2011年，能记起的事只有去了趟南国三亚，那也是有生以来最远的一次旅行。三亚的天，三亚的水无一不给人留下深刻的印象。也大约从那时起，我突然对读书有了莫名的好感。最初的动机也许仅仅出于闲暇消遣，也许只是为了查阅一个相关的资料抑或信息，总之，自那时起，家里的书柜陡然不够用起来，孩他娘于是找来几个纸箱，不出意外很快装满，接着找，接着又装满了……

同很多人读书习惯的养成一样，我一开始读书活脱脱是个“杂食动物”，全凭兴趣使然。我的这个“杂食”与许多人偏爱文学作品有着很大的不同，我对社科、新知、历史包括经济类书籍都不排斥，只要觉得书有兴趣就会读，甚至连绘本也会禁不住翻翻。

除了学者，一般很少有普通读者喜欢看那些枯燥的社科书籍，我也不知道到底是哪根神经出了问题，我这个从没走进过大学课堂的普通读书人有天居然对社科书籍表现出了浓厚的兴趣，即便是那些砖头厚的大部头也从来没有被吓倒过。当然经常也会有感而发，在媒体上弄些读后感书评之类的小文，换些小钱，正好补贴捉襟见肘的家用。

说是补贴，其实我内心还是相当看重，至少开始几年这样的心态比较强烈。我们这代进城人在城市里有个特别的称呼，那就是新市民。所谓新市民，其实就是一个老人从农村向城镇的转变。成为新市民后，年轻一代纳入了城镇居民社保体系，而久居乡下的老父迈母则不同，虽然农村也有改革，但远远无法与城里人退休金养老金比肩。况且老人长年从事强体力劳动，老来落下一身毛病，吃药打针家常便饭。

读书写稿收入虽然极其有限，但成为新市民后面对扑面而来的压力，任何一笔收入我都无法轻松地“挥一挥衣袖”。有时想想，这倒应了柏杨的那句话，“暴写十年不富，一日不写便穷”。稿酬确实未能给我的生活带来翻天覆地的变化，但如果有段时间写得少了，家里明显感觉到经济压力的分量在加重，因此不敢怠慢，又拾起书来。好在熬过了先前几年困难时期。如今我虽然仍旧码些小文，不过稿酬收入仅及前些年的零头，倒不是清高说不是图这些收入，而是久而久之养成了码点文字的习惯，隔三茬五不码几个字手头便有些痒。

看书写稿为了收入，结缘也是我的“利益”驱动所在。书读得多了，朋友圈的人不知不觉中多了起来，南来的北往的媒体和笔友自然不在话下，南方还有深圳大学等高校的教授，北方则也陆续结识了一批知名学者和著名作家，近几年受媒体委托，还采访了几位知名学者和作家，也算圆了早年曾做过的媒体梦。

这些年接触最多的当数出版社的朋友。实在记不起最初怎么同出版社的朋友搭上了头，反正自从接触出版社后，家里基本上就没有再买过书了。倒不是不想，而是太多的出版社寄来的样书实在太多，这些太多的书往往又太好，看都看不过来，家里放也放不下。书读得多了，写得勤了，找上“门”来的朋友自然也多了。时常网上“跳”出一些朋友，言辞恳切找帮忙对一些新书进行评论。对胃口的书当然是好事，朋友所荐之书大都不差，但也有少数未必是我的阅读“盘中菜”，拒绝又挺难为情，这才是最让人头痛的问题。想必这也算得读书人必须面对的一种“江湖”吧。

在同越来越多的出版社结识后，我的功利性阅读表现得更加“明目张胆”，这也是我最应深刻反省之处。几乎每个月，一些出版社的朋友就会列出一个个长长的近期出版书单，供我这样的读书发烧友挑选阅读。每每这时，总会两眼情不自禁地放射绿光，“贪婪”本性毕露：恨不能将所有书都收入囊中。实际上，任我再怎么紧看慢看，家里仍有许多书至今连胶封都没拆，不是不想看，而是根本看不过来。

另一个“功利性”驱动则是与单位领导和同事建立更深的联系，无意中弥补了我这嘴拙的短板。原单位有位主要领导科班出身，特别喜欢读书，读得也挺快，很快成为知音。于是我时常同领导一起购书，经常还抽空交流一下心得。后来，我还经常将家里出版社送的那些书转赠给领导，虽然还是有些不舍，但咬咬牙想，这是为那些蒙尘的书找了个好的下家，也算是发挥一下“余热”。

读书人走到哪里，哪里都是书的世界：宁愿被书包围被书淹没，也不愿想看时无书可读。一些朋友也曾问我，为什么在办公室放了那么多书，这倒让人不禁想起网上马云的那个视频段子。马云曾说，办公室里放书不是给自己看，而是给别人看，言外之意装装门面。记得王健林还驳斥了马云的观点，说他自己不看书，还把不看书的理由说得这么冠冕堂皇。

我的办公室有满满当当三大柜书，少说有几百本，别人码一排，我是里面码满了外面再加一排，只要挤得下。之所以把书搬到了办公室，当然不是为了撑门面，我又不是领导，根本原因是家里实在放不下了：一堵墙的书柜码满了，酒柜被各种书塞满了，电视桌两边被书堆满了，床头柜餐桌到处被书摆满了。有段时间家里卖房，前来看房的人都会不自觉地问这家人在哪个学校教书。每每这时，孩他娘总会露出自豪的微笑。好读书的人大都有个癖好，即便看不过来，也舍不得把书当废品处理，就是转送他人常常也会经历激烈的思想斗争。于是我只能到处给新收到的书找办公室这样的新“家”。

对热爱读书的人，时间并不会成为问题，至少我是这么认为的。办公室里的这些书只要有同事想看，我都随时外借，当然更多时候是留给自己看。经常有朋友抱怨，说工作太忙根本没时间看书。忙是肯定的。作家王国华曾写过一本书叫《中年奴》，说的就是上有老下有小的中年人，一天到晚忙个不停，压力还非常大。有趣的是身陷“中年奴”危机的王国华不仅爱看书，自己还写过好几本畅销书。

我的读书时间一般是这么挤出来的。每天早上六点起床，提前一小时到公司，烧好水泡好茶然后就是看书。现在大都市交通拥挤，每天耗在交通上的时间不是个小数，为了避开下班的高峰期，下班后常常晚个把小时，这样一来也可以挤出一小时的清闲阅读时间。

早出门晚归门有一个好处，那就是地铁上基本可以找个座。去年北京有位出版界朋友因坚持拍摄地铁上的读书人而走上了央视，受此启发，地铁读书也许是不错的选择，毕竟每天来回耗在地铁上的时间近两小时，地铁读书冬暖夏凉，不用两眼死死盯着方向盘，安全系数高。唯一要解决的是错峰出行，好避开人流高峰。经过开始那么几天的“不大好意思”后，我终于“很好意思”从包里掏出了书，开启了新的读书之旅。正因如此，包里再没地，我也会设法给书腾个地方。

还有一个时间点就是晚上，这也是难得的清闲阅读时间。多年前北京有位媒体朋友闲谈，他每天平均坚持读书不下五十页，这样读书有效率。这话我确实听进去了，有了数量目标，读起来更有计划性，只要工作不是特别忙，一周看一本书大抵还是有保证的。写文章的频率也大抵与此相当，我这记性不好，时常担心书看完了放时间长了读的那些有趣内容会忘掉，于是赶紧记录下来，变成小文，媒体发发，自己的公号上也发发。媒体发是众乐乐，公号上发是独乐乐。

十年来，看书早就成了生活中不可或缺的一部分。面对别人“书呆子”“书虫”等称呼，我不置可否，反正自得其乐。特别是有时从书中偶然弄懂了一个原本苦苦求索的问题，居然会激动好几天。书看多了也有不好的一面，比如落了个颈椎病。这也许是读书人最应警惕之处。

（作者为湖北省武汉市城建系统工作人员，喜欢阅读和写作，作品散见于《财经》《人民日报》《南方都市报》《侨报》等国内外媒体。曾为《易读》撰稿数篇。）

漫长的瞬间

李 立

一

你该如何形容在一座城市里十年这么长一段时间呢？在许多书里，十年可能只是一句话的转折，也可能是一段充满波折的成长历程。这正是阅读带给我们的乐趣：文字变成了一处时间迷宫，你可能一下子走出，也可能要绕上好久；也正是如此，阅读会带给我们一种去接近永恒的感觉：当你读完他人的一生，内心已和主人公一同苍老，走出图书馆，才发现只不过是度过了一个下午，天边的夕阳把生活的真谛都镀上了一层金色，阅读让我们的生命延长了数倍。

它其实代表着一种仪式感，你为此做好准备，穿戴上专业至少是看上去专业的装备，心里谋划着用怎样的技术动作拿下多少分数。事情的进展可能真如你所愿，甚至还会超过预期，但你也可能一整场没得到几次机会，在输者退场的规定下，大部分时间都枯坐场边。其实，生活的本质莫过于此，总在得偿所愿和求之不得之间来回摇摆。专业的解说会这样形容球场上人们的行为：球出手后，那一秒像一生那么长。反过来说也是如此，很多人的一生就像球在空中划出的弧线，心有戚戚，悬而未决。

所以，很长一段时间里，“今天还去打球吗？”这样一句话一直在我脑海中回响。我住的社区里有一片篮球场，每当夜幕降临，球场的灯光打开，那里就会被来自五湖四海的年轻人占据。他们操着不同的口音，伸展胳臂，双腿暗暗发力，拼尽全力去争夺一个皮球，把它丢到一个铁做的圆圈里了事。这个过程中，有欢呼，也有争吵，有几次还险些动手。他们是如此专注，当皮球在篮圈上跳动的时候，所有人站在那里抬着头望向同一个目标，那样的场面，竟让人有些感动。

对于这些年轻人来说，打篮球是最好的消遣了，也是一种良性的社交。

尽管每天都会有陌生的面孔加入，但时间一长，那些经常出现在篮球场上的人们还是很容易就弄清楚对方的生活圈：大家都是从外地来到这里打工，住在附近，白天的工作还不足以将多余的精力发泄殆尽，在这场不需要太多入场资本的较量中，他们在努力争得属于自己的一点点地位。

毫无疑问，那些球技出色的人会有更多的话语权，他们可以决定一场比赛的开始与结束，可以更大胆地开玩笑。那群人当中，有一对“父子”，他们来自北方，人高马大，又在同一个工厂上班，一个年龄略大，因此有了“父子”的外号。每当他们只有一个人出现在球场上时，人们总会问：“你妈妈没放你爸爸出来？”或是：“今天没带儿子来吗？”大家哈哈一笑，转身又投入激烈的争夺中。

球场上来来往往的人太多，你只能记住几张熟悉的面孔，你对他们的熟悉只存在于球场上，在那里，你和他们亲如家人。但离开球场，大家就各自奔赴各自的生活。有一次，我在路上遇到一位球友，我盯着他的脸看了好久，但他并没有注意到我，或者他并不想与我相认——他站在一处巷弄的入口，有些紧张地抽着一根烟。我没有跟他打招呼，直到第三天的傍晚，在球场上，我告诉他我看到了他，他简单回了句“是吗”，没往下解释。

他很瘦，刚来球场时，没人愿意和他组成一队。不过他似乎有大把的空闲时间，经常下午的时候就一个人拿着篮球在那里投篮。过了一段时间，他投篮越来越准，人比最初的时候也结实了，很快，他就成了“父子”的固定拍档。有一段时间，他俨然成了球场上的主角。他提议经常打球的这帮人可以组成一支球队，他自荐去帮大家买球衣，并预定了1号作为球衣号码。

球衣并没有穿在大家身上，他突然在球场上消失了，等大家意识到这一点，大概已经过了两个月的时间。“父子”说1号好久没有来了啊，大家附和，是啊。如果在职业赛场，大概会有一个什么退役仪式，那个属于他的1号球衣会被高高挂起。

他可能回家了，可能搬到了别的地方，可能找到了一份新的工作，更可能有了一个不妙的结局。如果那天他在巷弄口那紧张的样子是一种日常状态的话，球场上的他看起来要轻松得多，对于局面的掌控要娴熟得多。生活中，他只是一个不愿相信别人的年轻人，我记得他抽完那支烟，就转身走进了巷弄，他步子迈得很大，一下子就甩掉了那个注视他的目光。

二

十年前，我刚到报社成为一名记者，看上去是有了一份体面点的工作。我从城中村搬到了带花园的小区，外出采访时听到别人称呼我“老师”，一切看上去都处于一种上升状态。我不是没为自己的未来做过计划，只是没有那么明确的目的性，甚至对于买房这件事，我也和大多数人一样表现出一种被时代甩下的后知后觉。当时这座城市还没有多么吸引人，人们总是带着有色眼镜来审视它，小区挨着农田工厂的场景比比皆是，它的高级与低级一样名声在外。当然最主要的原因在于我还认为自己只是个过客，总有一天会离开这里。

我曾在塘贝新村附近的小区里住了很长一段时间，如果为过去的十年标注落点，塘贝新村会是其中重要的一点，它甚至已经成为一种象征。它成为一副台阶，迎接我，催促我从一个阶段走向下一个阶段。

有一段时间，我总是很晚醒来，总是在梦里逗留更长的时间，这是很多人都向往的状态。在梦里，有更多美好的意外出现，弥补着人生的乏味与平淡。我之所以能保持这样看似悠然的状态，是因为住在距离上班地点很近的地方。那段日子，我刚从一次回到过去的旅途中醒来，回味着梦的温存，穿过塘贝新村，落坐在办公桌前时，时间才过去了五分钟。五分钟之前，我的精神还处于一种散漫游离的状态，五分钟之后，它就紧张起来，如果遇上截稿日，整个人就会陷入深深的焦虑之中。

因此，每当走过塘贝新村，总会经历一次心情的转变。从家里到报社，会有千头万绪涌上心头，而从报社到家，整个人则已经被掏空。同样一段路程，去程短，回程长，不同的方向，有着不同的心境。将近十年时间里，让我形成了一种惯性，不管是否上班，总会有两种心情交织着陪伴着我走过这个城中村，一头走向一个开放的次元，一头走向内心的世界，这样的旅程，无时无刻不在发生着。

于是，塘贝新村在我的世界中形成了一种对立统一的存在，就像这座城市一样。以不同的心情进入它，会有两种截然不同的景象。早上的时候，水果摊的夫妻大声争吵，晚上的时候，他们平和地坐在同一张桌子前吃饭，妻子把菜夹向丈夫的碗中；面店里年轻的女服务员，前五分钟专注地和手机里的爱人热聊，后五分钟就躲在角落里黯然神伤；一个爱打篮球的年轻人，说他要在这里创一番事业，当人们又想起他时，他已消失不见。

这里的每一天和宇宙以相同的步调循环，一切偶然与必然在这里交织，一切意义在这里繁华落尽，一切细节在这里悄然生长。这一切都有一条线索将其联系在一起，而我总能找到它：有时，它是我踢起的一块石子，去的时候，它有些沉重，我把它踢到村子尽头的台阶；来的时候，我又踢起了它，它轻快地滚动，落入花坛之中。我知道它仍在那儿，当我需要看到它的时候，它就又出现在鞋尖之前。

直到多年以后，我离开了那里，那两种交织的心情消失了，那个我曾经肆意闯入的世界变得与我平行，我正渐渐遗忘掉它。未来有一天，我可能会再走进它，如果有五分钟的怀念心情，那已足够，那也真诚。在我看来，恰是这些细密的、琐碎的、交替且相互掩映的瞬间，组成了一座流动的城市。流动意味着很多事错过就不再回来，流动也意味着很多事是循环往复、会有重逢的。

因为工作，因为兴趣，我用了十年，来读懂东莞。从图书馆那间藏着本土文献的阅览室开始，从一本封面印着红旗的《东莞烽火》开始，从坐在那些从东莞走出的老学者、老教授对面开始，从和改革开放后下海闯荡的工厂老板们对谈开始，我慢慢发现，有一条脉络，或者说有一类故事，它支撑串联起了东莞这座城市的过往。正如篮球场、城中村成为我为过去十年寻找的记忆坐标，东莞和生活在这里的一代又一代人，也是大时代所标记的可供回溯的瞬间。我也想起那些从图书馆走出的瞬间，回头看看，似乎自己刚刚走过了许多漫长的历程，庆幸的是自己仍然年轻，而那些从书中得来的财富，让我对生命充满敬意，对这座城市的胸怀充满了敬意。

（作者为东莞本土影视公司员工，喜欢阅读和写作，在《山花》《莽原》等文学刊物发表作品若干。曾为《易读》撰稿。）

十年绽芳华，相看两不厌

秦兴江

十年芳华，转瞬间。从初来东莞，到和《易读》相遇相识，感觉一切都好像发生在昨天。如果猛然间有人问，这十年你都做了些什么？还真的一下子说不出个子丑寅卯。然而细数下来，不管是对一个人，还是对一本刊物来说，春秋十度都会在经意和不经意间留下岁月的痕迹，那些难忘的点点滴滴，哪怕是细细碎碎的，也会如满地白月光，婆娑闪耀在记忆的深处。

说实话，我在东莞这十年，交集最多的有两个地方：东莞图书馆、我的公司。东莞图书馆《易读》杂志创办于2011年，而我供职的盟大集团成立于2010年。它们前脚后脚，相继落地、生根、开花，直到一鼓作气，挂满累累硕果。而有趣的是，十年来二者都跟我密切相连，前者是我喜欢并且一直深爱的一份期刊，后者是我来莞后一直供职的一家专注于产业价值链服务的互联网公司。佛说：前世五百次的回眸才换得今世的擦肩而过，而这二者和我相伴十年，并且还会一直相伴下去，这得是多么大的缘分啊！

东莞，是一座书香的城市。这是我来到东莞后的认知。东莞之美，单一个东莞图书馆就是其他城市不能比的。而第一次去东莞图书馆，我就喜欢上了《易读》杂志，当时它和其他小册子小折页摆放在图书馆大厅服务台上，我一眼就看见了它。作为一个爱书之人，初见《易读》，端详它别致的开本、典雅的设计，真是既惊讶又喜欢，随手打开，随意翻看，其中的每一个版块，每一个选题，每一篇文章，都可以读出编辑者的用心和专业。这些栏目虽角度不同，侧重点不同，但所选所荐真可谓篇篇精品，都值得细细品味，一读再读。往后的往后，每一次不期而遇也好，寻寻觅觅也罢，发现《易读》一如既往的美妙，每一期，每一篇，都让读者领略到读书之美，同时打心底里感受到《易读》的用心，每每沉浸其中，回味无穷。

正如它的名字一样，十年来《易读》和东莞图书馆为人找书，为书找人，真正地让书籍更易读，让更多的人爱上图书馆，爱上读书。而十年前，当我还远在山东，曾在网上看到过这么一种论调，说东莞是文化的沙漠。当时有些疑惑，而当我来到东莞，当我第一次走进东莞图书馆，我就被深深震撼了！东莞图书馆之大，藏书之多，功能之齐全，之先进，令人叹为观止！我第一时间就觉得，根本不是网上说的那样！特别是后来随着就职于东莞市盟大集团，融入到东莞先进互联网企业的创业干事氛围，加之我本人业余时间对文学创作的热爱和坚持，并逐渐加入了东莞作家圈子，经常参加东莞文化圈一些座谈交流活动，参观采风活动，等，比如2017年，有一次随南城作协采风团参观了与东莞图书馆在地理位置上遥相呼应、隔路相望的东莞展览馆，我更加觉得，代表东莞开放精神和深厚历史底蕴的东莞文化，不只是博大精深，而且精进先进，可以说在全国都属于一流水平。说到这儿，我还真想把那位说东莞是“文化沙漠”的老先生拽出来，让他好好看看，东莞哪个地方是“沙漠”呢！

恰恰相反，如今的东莞拥有着无尽的繁华，而她的繁华则得益于她的包容和开放，正如她的外表，喧哗中透着沉静，热闹中尽显典雅。来东莞这几年，在上班和读书之余，我偶尔也会走出门去散步。我对东莞街道的印象是她的交通非常发达，主干路很宽，绿化也好，一年四季轮流开着红的、黄的、粉的各种大花小花，高低错落，缤纷繁茂，让人目不暇接。那些小路吧，又像榕树根一样五股八叉，横竖交错，通往东莞的大街小巷，牵引着我们的脚步直达这个城市最古老，抑或最繁华、最隐秘的深处。

东莞，是一个生长梦想的地方。2010年，因为家人来东莞创业打拼，我就知道了东莞这个城市，对东莞多了一些关注和向往。后来，我终于下定决心从山东来到东莞，同时把对文学的热爱也带了过来。前面说过，来东莞这近十年的时间，我的大部分时间和精力除了公司、宿舍，就是图书馆。我就业的盟大集团成立于2010年，比《易读》诞生早了一点点。创立之初，公司就怀着远大的理想和愿景，立志成为全球产业价值链富有影响力的服务平台。但创业的路很难，我初来的前期陪同公司历经九死一生，所幸终于坚持了下来，没有倒下去，且渐渐开枝散叶，结出累累硕果——与呱呱坠地时相比，如今盟大旗下又创立了多个互联网平台，并已形成了拥有核心竞争力的自主创新体系，核心技术涉及产业互联网、大数据、区块链技术、物联网等重点领域。从最初的B2B到B2C，再到C2B，从原料货源到仓储物流，再到产业链金融……十年，我见证了一个叫盟大的互联网公司一步步实践着自己的梦想。

同样，十年的时光，我自己的业余爱好随着我的坚持不懈也总算没有荒芜。十年来，当我走遍了东莞的大街小巷，终于也留下了些许深深浅浅的脚印：我在散步的同时，记录下点点滴滴的思索和发现，创作的一些作品如《种花生，收花生》《赵宝印的狗》《春风沉醉的晚上》等接二连三被国家权威文学杂志《小说选刊》等转载，《赵宝印的狗》还获得2017年《小说选刊》全国微小说精品奖和广东省小小说双年奖，《种花生，收花生》等也入选《改革开放40年：广东最具影响力的40篇小小说》《2016武陵“德孝廉”杯•全国微小说精品集》以及《2016年中国微型小说排行榜》等二十余种年度精选集。2019年，我的第一本小小说集《疼痛的夏天》顺利出版，这本书还相继获得临沂市委、市政府设立的“沂蒙文艺奖”东莞“扬辉小小说奖”，等。另外，《敲门》等作品也曾相继入选贵阳、湖北、河南、山东和黑龙江等地高考测试题。更让我高兴的是，2021年春天，在《易读》创办十周年这一特殊时刻，我写的书评还被《易读》杂志李正祥老师选发《易读》，使我有机会由《易读》的读者荣幸地成为《易读》的作者。然而，即使这小小的成绩也来之不易，但与其说是我个人十年坚持的结果，还不如说是意外和幸运，是冥冥之中的一些缘分，就如我和盟大集团，我和东莞图书馆，我和《易读》的每一次相遇……

十年风雨兼程。这十年，我们仿佛只做了一件事，我和《易读》，我和盟大，只因一个缘字走到一起，便没有再分开。想当初是因为来盟大，我才来到东莞，是因为来到东莞我才遇到了《易读》。

十年矢志不渝。十年，《易读》编辑老师们精挑细选，精心制作四十期，在日积月累中给千千万万读者留下无数美好的回忆，那点点滴滴，萦绕在岁月的每一寸光阴里，闪烁在每一个回眸凝望的瞬间。而从初识《易读》到相悦相惜，从《易读》的读者到《易读》的作者，这十年，我和《易读》，我和盟大，我们都遇见了最好的自己，都成为了最好的自己。

十年岁月如歌，归来仍是少年。愿十年后，你我仍痴情未改，初心依旧。

（作者为东莞本土互联网公司员工，喜欢阅读和写作，作品散见于《小说选刊》等，并入选多省高中语文测试题和二十余种年度精选本。曾为《易读》撰写数篇书评文章。）

我读《易读》

张爱玲笔下的遇见——在时间无涯的荒野里，没有早一步，也没有晚一步……唯有轻轻地问一声：『哦，你也在这里吗？』而一本小刊，有幸遇到它所应该遇到的人，我们也想轻轻问候一声：哦，你也在这里吗？

《易读》甘苦我亦知

李海燕

我第一次到东莞图书馆，是在2012年，中国图书馆年会在东莞举办，同期召开全国第十届民间读书年会暨图书馆与社会阅读研讨会。图书馆年会与读书年会同期开展，这在年会历史上是头一次。第二次是在2016年，中国图书馆学会阅读推广委员会换届成立大会暨第十届全民阅读论坛在东莞图书馆举行。两次会议给我的印象都非常深刻，尤其记得每次都会拿到各类出版物，有正式的，有非正式的，如获至宝，其中东莞图书馆主办的《易读》是少不了的。我实际读到《易读》要比这再早一些，差不多是甫一问世的时候。转眼间《易读》已创刊十年了，对于编辑部同仁来说，甘苦自知，作为读者的我是十分感念和感慨的。

《易读》这个名字，很是简单利落，但似乎又咂摸不出深浅，如同高手过招，几乎就在意料之中，但过程扑朔，结果也因此变得迷离。拿到《易读》，越是翻开它，越是感觉到讶异。从内容到形式，从主题、栏目、文章、作者到纸张、版面、开本、印刷，都能够看得出编辑用心之苦与深，为作者做适当打磨，为读者奉上诚恳一餐。我也曾经手编辑金陵图书馆的内部出版物《阅微》十年，2014年，其曾与《易读》一同获评“中国图书馆阅读推广类十佳内刊内报”。十年中，按照双月的出版节奏，每期都经历阵痛，直至拿到散发油墨香的图书，从头至尾翻过一遍，才得缓解。期期如此。

《易读》的气质在图书馆界是独树一帜的，没怎么变过。有书卷气，无学究气，有诗意，但不故弄玄虚，面目雅致不寡淡，别出心裁但未标新立异，从不赶时髦，也绝不落伍。这轻轻的一本书如同插上了翅膀，来到人们身边，有一些不一样的东西就会在心里生根发芽，落地开花。

是什么样的东西呢？

首先是阅读的情意。图书馆的活动如今得到受众的普遍关注，热闹的活动过后，终究又将回归到阅读本身，但阅读与载体鸥水相依，如果有助推器，就能够起到更为显著的效用。阅读有充满趣味性的部分，也有让人头痛的部分，阅读需要做加法，也必须得做减法，如果你不知道你的下一本书在哪里，《易读》可以有无数种推荐给你。阅读会通向幸福吗？阅读和生活之间有那样一条纽带吗？阅读之外，我们还可以有什么样的人生？这些都是《易读》所持续关注的，在数字阅读时代，持有开阔的阅读观可以让我们的生活根基不至于太浅，也不至于钻牛角尖钻得太深。

第二是编辑的功夫。《易读》有稳定的作者群和读者群，既是作者又是读者的不乏其人，实属不易。我能想象，看上去心如止水，内心戏十足的编辑老师在和自己死磕，那一个个错别字如同活字，自动从“校样”中跳出来，往眼睛里撞。从成堆的稿件中抬起头来，外面已是满天星斗，准时下班是不可能的，拿滴眼液来上几滴，双眼微闭稍事休息的同时，很多工作前赴后继，要叮嘱排版方校样不能再错了，得“核红”，尽快拿出“清样”，印刷的时候还要提醒记得“出血”（注：为了避免出版元素出现白边或者被裁切内容，将该元素进行延伸，延伸部分称为出血），一边这样想着一边说出了声。邻座吓一跳：“什么？出血了？”“没，没有。”编辑不好意思地笑笑，继续想着按照这个时间线才能赶上月底的会议，然后又开始为很快到来的读书会操起了心，形式是不是可以活泼一些，话题能不能更为凝聚，报道的亮点在哪里……端起编辑这饭碗的图书馆人静如处子，动如脱兔的本领是惊人的。编辑之志所趋，无远弗届。

第三是对文化的倚重。《易读》关注的话题是人类的共同情感、社会的发展变迁和人们的生活方式，从中可以看到厚重、明晰的文化路径。图书馆的故事、阅读的故事一讲再讲，家的意象、中国味道、多样生活，写的人兴致盎然，读的人兴致勃勃。“故乡”“方言”“守岁”“回家”“家世”“家训”“家书”“家谱”的主题，年复一年，常谈常新，发人省思。“易读问”栏目最近的几期中，南京大学教授徐雁、画家赵蘅都是我所敬重的师长，在《易读》上看到他们的访问格外亲切，如沐春风，而如今102岁的翻译家杨苡先生向我夸赞《易读》时的神情还历历在目。这一切还是落脚和归根于图书馆，这是图书馆的出版物，对出版物的认可，自然离不开图书馆。

2005年，东莞图书馆就开放了24小时图书馆。2011年，李东来馆长提议这一年作为东莞图书馆“故事年”，希望在前行的同时，能够反省、沉淀和感受。东莞图书馆市民学堂为了照顾左利手，每个座椅上都有左、右两个折叠板，可以双向打开。冯玲副馆长在卷首语中提及，所有的行业都面临重塑和再造，图书馆也在变化中，充满无限的想象和丰富的可能，图书馆要针对人、吸引人、帮助人、融合人。去年在东莞图书馆发生的故事是我们都熟知并且称道的了……这些秉持人文情意、富有开创性、行业标杆式的理念和举动无疑是另一种形式的更为广阔的《易读》，在召唤人们，在连接人们。

《易读》十年，可喜可贺。每个人都可以打开《易读》读上两页，每个人也都可以走进图书馆待上一阵。

（作者为金陵图书馆馆员）

《易读》陪伴读书路

贾登荣

有幸结识《易读》，始于2013年，也就是《易读》创办后的第三个年头。一晃，与《易读》相伴相守，就是足足八年多时间了。

起先，蛰居川北小县城的我，孤陋寡闻，并不知道有《易读》这个读书内刊；大概是2012年底吧，加入一个叫“积书缘”的QQ群，从中得到信息，在改革开放最前沿的东莞，在号称中国制造之都的东莞，居然办有一本读书刊物，且这本杂志是东莞图书馆主办，免费赠送给读书人阅读的。

虽然自己算不上读书人，但也产生了享受“免费”待遇的念想，便向一位群友索取了《易读》的电子邮箱，发去一封信，希望能得到《易读》一读。邮件发出后，就天天盼呀盼，等了足足二十来天时间，也不见任何回音。沮丧的我便问这位群友，你有没有什么渠道帮助我获得《易读》？他告诉我说，《易读》的编辑李正祥、张宽路两位老师就在群里，你可以直接向他们索取刊物呀！听到这，有些喜出望外。很快，就与两位老师联系上了。过了没多久，2013年第一期《易读》就送到我的手中，从这以后，尽管我的通讯地址一变再变，但这本飘散着淡淡书香的《易读》始终免费寄给我，陪伴我的读书路。偶尔，因为邮局投递不负责，导致某一期《易读》没收到，只要在QQ或微信上说一下，很快，缺失的这期杂志又会重新寄来。由是可知，《易读》对待素昧平生的读者是何等负责，何等真诚！

作为一本内部读物，《易读》有着自己的鲜明特点，这是她吸引我多年来持续阅读、喜欢的主要因素。比如，每期都有《本期关注》栏目，聚焦一个主题。如2013年第1期，因为接近一年一度的春节，《易读》把关注点聚焦到“中国味”上。栏目发表了曾经洪坪、梁雪波、黎平三人讲述中国味、家乡味的文章，又专门辑录了多本中国味的书籍目录。其中有《中国饮食文化史》《中国饮食文化》《知堂谈吃》《雅舍谈吃》《寻味：汪曾祺谈吃》《饮馔丛谈》《中国食物》《蔬菜食物》《蔬食斋随笔》《老饕漫笔》《肚大能容：中国饮食文化散记》《饮食男女》《酸甜苦辣天下味》《蔡澜谈美食》《舌尖上的中国》《舌尖上的故乡》《饮食杂俎：中国饮食烹饪研究》《历史食味：古代经典饮食故事》《民国味道：岭南饮食的黄金时代》等二十种与“饮食”有关的图书。这对于欢度节日的读者来说，可以从书中得到神州大地，甚至世界各地饮食文化的信息和知识。《本期关注》这个栏目提供的书单，不仅与现实生活结合得很紧，有的也非常具有史料性、前瞻性和指导性。2013年第2期《本期关注》的主题是“瘟疫与文明”，发表了程杰、黄岳年、安武林撰写的《瘟疫，文明的影子》《向死而生：文学大师笔下的瘟疫》《阳光下的阴影：人的卑微与崇高》三篇文章，从不同角度阐明瘟疫与文明的关系；一样，也辑录了《癌病房》《枪炮、病菌和钢铁：人类社会的命运》《瘟疫的故事》《医生曾经惹过瘟疫》《大流感：最致命瘟疫的史诗》《瘟疫与苦难：人类历史对流行性疾病的影响》《逼近的瘟疫》《瘟疫与人》《霍乱时期的爱情》《瘟疫：文明的代价》《瘟疫，人类的影子》《非典溯源》《改变人类社会的二十种瘟疫》《非典型历史：人类与瘟疫抗争的故事》《瘟疫与文明》《岭南瘟疫史》《世界瘟疫史》《灾难改变历史》《麻：麻风病和拆迁，都是瘟疫》《SARS10年：非典亲历者的回忆》等二十余种图书名录，并对这些书的主要内容用简洁的文字一一作了介绍。这一期出版多年了，但在新冠疫情于全世界肆虐和蔓延的今天，阅读《易读》开具的这个书单，仍然可以从中受到许许多多的启发。类似的具有史料性、前瞻性的《本期关注》，在《易读》上不胜枚举。

此外，《易读》每期的《新书扫描》《原汁原作》两个栏目，也很有特色。通过《新书扫描》，可以获得当下许多出版物的信息，尽管不在东莞，无法去东莞图书馆借阅图书，但能够借助这些资讯，去自己所在地的图书馆借阅这些图书，也可以去购买其中的一些图书，丰富自己的藏书；而通过《原汁原作》可以阅读、欣赏到众多名家优美的作品片段，带给人心灵的震撼与感动。《易读》为什么能开辟如此丰富而特色鲜明的栏目呢？据说，“秘诀”在于每期编印之前，《易读》都要召集一班专家、学者、图书馆馆员等，召开一个策划会，对内容的确定、书目的选择，群策群力，反复认证，保证刊物的特色与品质。正是这个原因，才让这本诞生在东莞的内部读物，在全国读书界的影响也越来越大。

其实，《易读》对我而言，还有一个重要的作用：陪伴自己坚持不懈地阅读，丰润自己的精神世界。说实在话，早些年，经常因为种种原因受到干扰，读书未能很好地坚持。那时，因为还在岗位上工作，要应付各种会议、公文、接待，辛辛苦苦花钱购买的书籍，许多都是束之高阁，根本没有阅读，成为了一种花瓶、一种点缀。这些年，从工作岗位上退下来，有时间读书了，但不时耳边传来各种各样的讥讽：这么大把年纪了，还想成名成大家吗？亲戚朋友也不时规劝说，你已经是退休大军的一员了，应该安心颐养天年，何必天天抱着那些书啃呢？这样的话听多了，意志也就有些动摇了。作为退休人员，读书与功名、与利禄早没有丝毫纠葛了，确实可以少读点书，把时间用在旅游、休闲上来。这样的念头产生以后，读书的动力自然而然地降低了，不多时，大量的图书又堆放在书柜鲜少问津了。但每当新一期《易读》从遥远的南国寄到我的手中后，又不禁自言自语地说，人家把辛辛苦苦、精心编印的刊物无偿送给你，你好意思放弃自己的阅读习惯吗？一番自责之后，又精神抖擞地拿起丢弃的书本，认认真真阅读下去。

《易读》不但能够让我从中获得新信息、新知识、新理念，开阔眼界，充实灵魂，还鼓励着我锲而不舍地坚持读书，持续跋涉在读书路上不懈息。感谢《易读》！

（作者为四川省南部县退休干部）

图书馆应有的人文底色

周　洋

评价一个图书馆的优劣，我有自己的两条标准。一是看图书馆对待普通读者的态度，二是看它有没有一份拿得出手的馆刊。前者是价值观问题，后者则关乎图书馆的底蕴和神采，它们共同构成了图书馆的人文底色。如果这两条都不占，那么再豪华的馆舍、再先进的设备、再丰富的馆藏，也不能让我心生敬意。

我虽从未去过东莞，但东莞图书馆却给我留下极佳的印象。去年夏天广为人知的那篇“告别留言”，出自农民工读者吴桂春的肺腑之言，让我倍感温暖。什么是尊严？这就是普通读者在图书馆应有的尊严。此外，我认为必须提到《易读》，创办已达十年，我曾有幸为它撰稿。从这份读物中，我看到了东莞图书馆的同仁们，在阅读推广、文献收藏、知识服务、馆际交流等多个方面，都有自己的思考和追求。

创设话题：一种引领未来的软实力

公共图书馆有政府的财政资金作为后盾，兼有众多高素质人才组成的馆员团队，编辑一份读物似乎并非难事。但是要把这份读物办出特色、办出品位，那就不是一件容易的事情了，需要精心的策划、开阔的眼界、接续的奋斗等等，不一而足。在我眼中，《易读》是一份典雅、精致、大气、厚重的读物，十年磨一剑，逐步形成独特的风格，拥有越来越多忠实的读者，具备了在读书圈内创设话题的能力，这是一种引领社会阅读风尚的软实力。

每一期《易读》都有一个预设的话题，是谓“本期关注”，印刻在封面中央最醒目的位置。这是编辑部的老师们根据一段时间内全社会关注的热点焦点，特意提炼出的一个阅读“关键词”，该期读物将会约请各路名家，聚焦这一话题撰写相关文章，形成阅读体验上的“集束效应”。比如，2020年第1期关注“家书”，2021年第1期关注“家谱”，都是在围绕“家庭”做文章，看似寻常手笔，其实别具匠心。联想到新年第1期正值农历春节时期，“回家”就是中国人忙碌一年最割舍不下的情结；再联想到新冠肺炎疫情肆虐，人们不得不取消走亲访友的安排，宅在家里欢度春节，思乡之情尤胜往日；再联想到习近平总书记高度重视家庭、家教、家风的建设，把家庭看作“人生的第一所学校”。回过头来再看《易读》策划的这一系列有分量、有见地的文章，就会由衷地佩服编辑部的见识与眼光。

阅读经典：厚植人文底蕴的白桦林

科学技术的发展，使人们获取信息日益便捷化、舒适化、海量化。随之而来的是阅读习惯正在悄然发生改变，有人预言电子书将会取代纸质书，有人宣称读屏时代已经来临，还有人豪言实体书店撑不过下一个十年。尽管如此，在众声喧哗之中，仍有一群怀揣阅读梦想的读书人，没有急功近利的目的，也没有瞻前顾后的算计，坚持每日读书，读第一流的经典图书。而在我看来，《易读》就是为这群人量身打造的刊物。

随手翻开一期《易读》，十个常设栏目中，至少有一半的篇幅与“阅读经典”有关。君不见，《易读问》栏目访谈的对象，有致力于阅读推广的徐雁教授，有醉心于收藏古籍线装书的韦力先生，还有专攻宋代历史研究的作家吴钩先生，他们在访谈过程中常常会在不经意间流露出对经典书籍的倚重。《人间书话》栏目选编的文章几乎都与经典有关，譬如，严凤华的《关于〈瓦尔登湖〉》，郎景和的《三部伟大的〈忏悔录〉》，安武林的《茨威格和收藏》，这些趣味盎然的书话文章，或介绍版本源流，或介绍作家生平，就像一张船票，载着读者缓缓驶进经典阅读的港湾。《原汁原作》栏目更是经典阅读的百花园，在这里，我读过泰戈尔《论文明的危机》、里尔克《论山水》、许地山《牛津的书虫》、谷林《关于猫》，古今中外的经典皆有涉足。

务实管用：探寻畅游书海的魔法石

东莞地处广东沿海，自古就有“华侨之乡”的美誉，在对外交往方面有着得天独厚的地域优势。改革开放之后，东莞抓住历史机遇，更是一跃成为得风气之先的经济发达地区，享有“科技之城”的称号。当科技遇到图书馆，会碰撞出怎样的火花，在《易读》这份读物上，“易读”化身“e读”，让身处信息化时代的读书人，快速掌握便捷高效的知识获取工具。

网络世界鱼龙混杂，各类信息良莠不齐，大量的信息对于我们或许毫无用处，但却占用了非常宝贵的时间，这就需要有内行人士的专业化指导，去粗取精，去伪存真，从浩如烟海的资源中“吹尽狂沙始到金”。“e读”恰好扮演了这样的角色，诸如《三款好用的Android App》《除百度Google之外的4个超强搜索工具》《足不出户，在线免费阅览古籍资源》等文章，易读易懂易操作，让我的e读之旅如虎添翼。

注重细节：用心用情用力的爱书人

老子《道德经》中有言：“天下难事，必作于易；天下大事，必作于细。”细节之处最见真心也最见功夫。捧读每一期《易读》，总是能感受到一些与众不同的细微之处，让我有理由相信，这份刊物的背后，是一群用心用情用力的爱书人。

限于篇幅，仅举两例。细节一：《人间书话》《阅读阅读》《原汁原味》等栏目介绍的好文章，每一篇都详细注明了出自何书、作者简介，以及该书在东莞图书馆的索书号，方便读者阅读美文之后“登堂入室”，借阅整本书进行延伸阅读。细节二：每期读物均搭配精美书签一枚，窄长秀美，背面还印制了名人格言，与整本读物的格调相得益彰，成为翻阅时的必备神器。

拉拉杂杂写了这许多话，最后只想汇聚成一句祝福：祝愿《易读》坚守阅读理想，永葆人文底色！

（作者为上海市公务员）

喜欢《易读》，一如既往

张家鸿

距离于2015年第4期上发表《我与〈易读〉》至今，已过去六年多。回望某些物事时，人常慨叹时光的飞逝，我亦不能例外。好在时间飞逝，喜欢不变。蒙李正祥老师信任，又得到畅聊《易读》的机会，实乃欣兴不已。

一如既往地喜欢的是《易读》的雅致。在我目力所及的读物中，不管是公开发行的还是内刊民刊，鲜有及得上她的雅致的。除了雅致，还清秀。如小家碧玉，让人见而怜之、爱之。想要开卷闲读，又舍不得开卷，想着留到下一次。如此这般的喜欢，并不妨碍我让《易读》流动起来的热情。用一两日光阴读完后，我常把《易读》送出。在语文教研组会上，在年段教师会上，在和朋友喝茶闲聊的间歇，常可以看到《易读》流转的身影。我喜欢她，故而愿意更多的人喜欢她。喜欢是占有，喜欢更是分享。一颗饱含精神养分的果实，经由一次分享之后，会至少壮大、丰硕一倍，也许还不止。

《易读》的品相之美与精神之美，是心生喜欢的首要理由。

喜欢她的另一个缘由是她给过我平台，承载过我的文字，记录过我读书写作的痕迹。也许，这些文字只是我成长的某一个点，但是它们却因为独特而弥足珍贵。

拙评《先生之风》刊于2017年第4期，是赵珩先生《逝者如斯：六十年知见学人侧记》的读后感想。赵先生的著作记录的是学人的往事、风采、性情，以及他们留给后人的深远思考，是我素来爱读的回忆录。“大师之‘大’，除却学术层面上的巨大成就之外，更在于待人待己的真挚与高贵。真挚对人，高贵对己。”徐苹芳的平和谦逊、吴凤岗的诙谐乐观、刘曾复的诚恳热情、陈从周的耿直狷介，皆为今人不可或缺的精神财富。撰写此文不仅是眺望先贤，更在于警醒自我。大师尚且如此，如我这般寻常人等，是否早已把这些美好的品质遗忘在岁月的风尘里？若果真遗忘，则是必须正视的损失，即便已然无法挽回。

学者、传记作家李辉先生赠我旧编《居京琐记》，我读之浮想联翩，心有所感从笔端汩汩流出，不可遏止。我问李正祥老师，可否在《易读》发表？李老师爽快应允。如同多年前，他和张宽路老师帮我请陈平原先生题签一样，我再一次得到期待中的温暖与信任。《居京琐记》于一九九九年九月由山东画报出版社出版，是居京五十岁以上的名家为《北京晚报·五色土》副刊撰写的文章合集，李辉正是当时主事的编辑，他也顺理成章成为该书的编者。冰心、萧乾、冯至、吴祖光等人对当时北京的现实、现实的北京发出自己的声音，充满书生意气，亦不乏真知灼见。编书，为这些文章提供集体亮相的机会，是有意义的留痕。故而拙文之标题为《往事并不如烟》。

最近一次在《易读》发表的书评见于2021年第2期的《唯有爱，可超越生死》，推荐的是广西师大出版社出版的《见证生命，见证爱》，作者为路桂军先生。作者是从事生命教育的医务工作者，其笔下所写的是一本令读者对死亡、生命、爱重新认识的作品。死亡是怎样的一个过程？面对即将走向生命终点的病患，除了拥有同情心，生者还可以做些什么？如何对病患进行临终关怀？死亡教育难道只是针对老年人或者病患？起初，我以为这是一本知识普及的书，越往后读，越发觉其带来的精神震撼是无法言说的。路桂军在书中写道："其实，我们关注今天的弱者，就是在关注明天的自己。如果我们今天不关心他们，未来我们也有可能会没有尊严地告别这个世界。"哪个人的一生走的不是从弱者到强者，再从强者到弱者的人生之路？故而，这本书是写给所有人的。

这些文字看似漠不相关，实则都是我精神世界的一部分。它们从我心里出发，经过《易读》，抵达许多陌生读者的心里。

扼要地梳理与《易读》有过的缘分，意在表达自己的感谢，尤其感谢李正祥老师给予我的信任与鼓励。在《易读》上发表过作品的作者，有来自五湖四海的爱书人，有声名远播的名家，有充满朝气的年轻作者，而我只是众多作者中最普通的一个。能得如此信任，岂有不珍惜之理？感谢信任之余，还要感谢包容。关于旧书的闲话，关于新书的感想，都被《易读》包容着，经由《易读》这个平台或桥梁，与读者见面。许多无声的共鸣，就在文字与读者无意中遇见时悄然产生。

《易读》承载的是东莞图书馆推广阅读的梦想，追梦的脚步十年来从未止息。“易读”二字意即容易阅读、阅读容易。由此，我常常琢磨着，阅读为何容易？只需一书在手，便可优哉游哉。只需心怀热爱，便可手不释卷。只需意识到阅读的高贵，便可义无反顾地走进书海里。只需认识到书的普通与不普通，便可在与它的耳鬓厮磨中既保持平和又怀抱高贵。而这些感想，已然体现在众多爱书人的文字里，何须我来多嘴？然而，我还是多嘴。只因阅读没有台阶，阅读之事的平易，是每一个爱书人沉浸书香时，心中必然会时时涌动的想法。他们情不自禁地想要把这样的幸福感，进一步广而告之于更多人，仅此而已。仅此就够了。

在我眼里，《易读》是个舞台，邀请众多爱书人共奏一曲阅读的赞歌：探讨阅读的方法，分享阅读的感受，期待悦读的盛况，传递书香的温润。在这个舞台上，没有高低长幼之分，所有人的共同身份皆为读者。你方唱罢我登场是《易读》的常态，这是阅读的热闹。这里的热闹是文字上的众声喧哗，作者的观点虽然有所差别，却都被对书籍的痴迷深深缠绕着、幸福地缠绕着。

（作者为中学老师）

从读者到作者——与《易读》一起成长

李剑明

我在2011年的时候就读到了《易读》，这本杂志正是在那年创刊的，我自然算得上是最早的一批读者，一转眼十年时间过去了。

2011年全国第九届民间读书年会在浙江省的温州市图书馆举办，离我所在的衢州比较近，于是便有心参加这个活动，借此结识网络上有交流的书友。可惜因为各种原因报名没有成功，后来就去旁听了一下会议。《易读》的编辑杨河源和李岚屏也参加了那次年会，我也顺便拿到了一册免费赠送的第2期《易读》。

《易读》是一本关于读书的民刊，由东莞图书馆主办，是东莞图书馆、中国图书馆学会图书馆与社会阅读专业委员会共同推出的阅读类刊物，旨在倡导全民阅读，沟通图书馆与阅读界、书业界、读者间的交流的一个平台。杂志内容比较有特色，富有书香气息，比较关注人文内容。杂志为季刊，大32开本，瘦长型，在装帧、版式设计、栏目设置和文字内容上都非常用心。栏目设置有：《卷首语》《本期关注》《易读问》《阅读前沿》《人间书话》《阅读阅读》《原汁原作》《e读》《出版回望》《易读社区》《书香社会》。从栏目设置上可以看出《易读》办刊的特色，这是一本雅俗共赏的读书类杂志，内容涉及图书导读、学习方法、数字阅读、藏书出版、阅读活动等方方面面，既关注阅读的现实话题，也追寻阅读的历史脉络；既有原创的书人、书事、书话、书评文章，也有利用图书馆丰富的文献资源和独有的检索工具方法提供的大量书摘文章。《易读》追求普及性、知识性、可读性和大信息量，力求以此为平台，携手阅读的人们，共同追随阅读时代，记录阅读生活，分享阅读的美好。

有别于其他阅读推广刊物，《易读》的《本期关注》每期关注一个贴近当下的文化热点，并推出三至四篇原创文章，展开深度思考。我所看到的关注主题有：“书店”“发现童年”“汉字之美”“美图”“数字阅读”“经典阅读”“AI”“文明与瘟疫”“在家”“回家”“故乡”“中国味”“跑吧”“在都市耕种”“老游戏”“慢生活”“动漫时代”“后浪”“西南联大”“游学”“手艺”“图书馆想象”“图书馆故事”“方言”“家谱”“家世”“家训”“家书”等。这些主题增加了杂志的厚重感和文化味，还经常会提供比较全面的专题书目，对于读者选择书籍具有极大的参考价值。每期还附有一张与《本期关注》主题相吻合的小书签，颇具特色。

《易读问》是2017年新增的栏目，聚焦国内有影响的学人就阅读为主题进行访谈，杨苡、肖复兴、陈子善、刘荒田、徐雁、王余光、韦力、止庵、吴钩、赵蘅、蔡家园等人都上过这个栏目，是我很喜欢的一个栏目。

《阅读前沿》是一个原创书评栏目，介绍各种有特色的书籍。我熟悉的书评人思郁、林颐、巴陵、周洋、雪堂、孙永庆、张家鸿、贾登荣等人的名字经常在上面出现，我和他们或多或少有一些交流，看起来非常的亲切。

《人间书话》《阅读阅读》和《原汁原作》这三个栏目主要是书摘，从茫茫书海中选取值得一读的文章，这绝对需要大量的阅读和过人的眼光。这些文章大多质量很高，很多让人读了会想去找寻原书一读，是书海的阅读引领者。

《e读》和《出版回望》两个栏目则是主要介绍电子出版资源和地方藏书刻书历史的，能够提供很多有用的电子数据库资料和藏书文化材料。

《易读社区》栏目介绍了很多东莞的阅读组织、读书会及其读书实践，并推送东莞图书馆及其分馆的各种特色读书活动，宣传东莞的阅读文化，关注东莞的阅读生态，致力于培育东莞城市阅读氛围，推动东莞本土阅读文化建设。在“书香社会”的书香短讯中还集中介绍东莞本地的文化活动和读书动态，可以看得出这个城市的文化活力。2014年9月，东莞图书馆以《易读》为基础成立了易读书友会，组织线上读书讨论和线下读书分享活动，举办各类读书会，更是为阅读推广起了很大的作用。

我通过参加全国民间读书年会，和《易读》的编辑李正祥老师和张宽路老师有了联系，通过共同的微信读书群也会经常交流一些读书信息。去年年初的时候我看到张宽路老师在征稿，于是就给他投了一篇稿子。这篇稿子因为版面的原因并没有刊出，但是被《易读》杂志的负责人李正祥老师注意到了，后来他就跟我另约他稿。两年下来，我已经在《易读》上发表了《我的复签本》和

《藏书与读书》等四篇读书随笔类的文章，从一个读者变成作者，阅读的收获也转化为纸上的文字，和《易读》的关系就更密切了。自己的文章能够出现在喜欢的刊物上面，我感到很开心，也非常荣幸，在这里要对李正祥老师和《易读》其他编辑表示真诚的感谢！

在这个智能手机的时代，纸质书遭遇到前所未有的挑战，读书生态发生了重大的变化。和《易读》差不多同时期编辑出版的读书民刊，如《今日阅读》《尔雅》等都已停刊，但《易读》能够坚持办了十年，真是非常不容易。东莞图书馆对全民阅读的践行和对阅读推广的担当，编辑老师们对阅读的热爱和坚持，才使得《易读》能一如既往地高品位出刊。感谢东莞图书馆，感谢《易读》编辑，希望《易读》今后越办越好。

（作者为公司职员）

我与《易读》之缘

杨家顺

在我的印象中，我第一次与图书馆的交集，可以追溯到二十世纪七十年代初。那时我在省城合肥求学，安徽省图书馆就离我的学校不远，出校门步行几分钟就到，所以一逢周末如果有时间我都会到那里去转一转，看一看。而我第一次与图书馆所办的刊物结缘，则是在四十多年后的东莞图书馆。

那大概是在2014年前后，我参加东莞图书馆易读书友会的一个读书活动。那天，当我走进东莞图书馆4楼以世界读书日命名的“423空间站”读书活动现场时，那一层层设计别致新颖的书架和显然经过一番精心挑选的一本本摆放整齐的热门图书，那一张张崭新的书桌和沙发，即刻映入我的眼帘。在不远处的一张书桌上，摆放着一摞摞的书本，经询问图书馆的老师，说那都是免费提供给书友的。其中有一本设计版面新颖，每本里还夹了一张书签，它就是《易读》，当我将之拿到手翻阅后我就喜欢上了它。

《易读》的开本设计新颖，封面雅致清新，每期的封二都有名人关于读书的格言，仅仅读着这言简意赅的短语，也令人受益匪浅。设计和编辑者还独具匠心地为每期《易读》配置了一叶书签，书签上也印有一句短小精悍的睿语文字，让人联想到这一切都是让读者易看、易翻、易读和易见。

《易读》的内容和栏目设计，也是围绕着读书而展开。《易读问》《阅读阅读》《原汁原作》《易读社区》等栏目，都是我比较喜欢阅读的内容，且常看常新，富有启迪。说到这里我也有一点建议，今后能否增加一些诸如《我的书房》《我的藏书》《我喜欢的书》《我的读书日记》《我与图书馆的故事》等栏目，以增加读者对于买书、藏书和读书的更大兴趣。当然，这仅仅是我个人的愚见。

《易读》十年四十期，四十篇卷首语，四十个关注的主题。而仅仅看《易读》每期的卷首语和主题就已经印象深刻。在《易读》出版发行六年后，央视的名牌栏目《朗读者》每期也都有一个主题，我有时在想，该节目的编导是不是看过《易读》，对策划该栏目有点启发呀。

《易读》让我结交了一些爱好读书的书友。通过《易读》以及参加易读书友会，我认识了一些爱读书的朋友和书友，他们当中有教师，有作家，有公务员，有学生，有社会文化工作者，有热心公益事业的读书人，有企业的负责人，等。

阿熊，是东莞一所中学的老师。我是在东莞图书馆易读书友会上认识他的。他的家离东莞图书馆比较远，所以他到图书馆一待就是一天。他给我的印象是话不多，随和，谦虚，说话慢但有力。熊老师爱买书，爱看书，即使在听课听讲座的间隙，也总见他手上都拿了一本书在认真地看着。他看书有一个特点，遇到重要的地方，用红笔认真地在书上勾画着，且画线还很直，可见他是一位认真、仔细、追求完美的老师。他也是《易读》的忠实读者，有时我未能及时拿到《易读》，他总是给我留了一本。

King先生，我也是在易读书友会上认识的，初次见面，他就很热情地向我介绍《易读》。他是一位真正热爱读书的人，他一年要读几十本书，还组织主持十几场读书分享会，基本上是每月一次。他每读一本书都要写几篇很有特色的读后日记和感想，并在微信群里分享。他组织和主持的读书分享会有计划、有分工、有要求。读书会参与者甚众，办得风生水起，小有名气。

他们都在《易读》上发表过读书体会。仅举两例，就足见《易读》对爱好读书人的影响。我在他们身上也学到了如何读书，如何分享读书体会，如何通过读书来充实和提高自己。

《易读》让我加深了对东莞图书馆人的认识。《易读》编辑老师们和易读书友会的组织者、主持人都是东莞图书馆的工作人员，他们对图书馆工作的热爱和热心地为读者、书友服务都给我留下了深刻的印象。

李正祥老师是东莞图书馆一个部门的负责人，还兼任《易读》的编辑。他为人谦和，有内涵，写作能力强，才思敏捷，文字优美似行云流水，感情深厚，他写的读书文章耐看耐读，并会引起人们的思考。仅从他所看的书籍和微信“晚窗偷读”的昵称来说，就给人感觉高雅脱俗、淡泊如菊，同一般人不一样，是个藏而不露、有学问的人。他组织和主持的易读书友会，书友众多，但他却能记住每个人的名字，可见他待书友多么亲切、热情。

张宽路老师，也是《易读》的编辑之一。在今年第2期《易读》上，就有他写的一篇文章《〈易读〉十年初长成》，详细介绍了创办的缘起初心、栏目特色和对它的成长期待，读后深感他们为了献给书友们一本好的刊物已然竭尽全力。我们也感觉到了编辑们的辛劳付出。他本人读书无数，说话富有哲理。同他聊天，听他说话，看他写的文字都会令人耳目一新。

由于我每年有一部分时间待在老家，不能及时看到《易读》，编辑部的老师就会把《易读》寄到我的家中。还有一次因特殊原因还书超过了时限，他们也想办法帮我解决。在我第一次看到《易读》的时候，它已经发行了十来期，由于我真的很喜欢《易读》，想把它配齐，就向他们提出这个愿望。让我想不到的是在一个很短的时间内，他们竟然满足了我的这个要求，令我激动不已。现在，十年的《易读》一共四十本，就整整齐齐地摆放在我的书橱里。只要我回到老家，我都会到书橱里瞄上它一眼，有时我也会抽出一本来翻阅片刻，看着它就是一种享受。收藏和阅读《易读》也成了我退休生活的一部分。这些年来，在与他们的交往中，我深刻地认识到，作为《易读》的编辑，他们是认真的，作为东莞图书馆人，他们又是很敬业的，而他们对读者和书友的贴心服务，也是很温暖和热情的。

十岁的《易读》，正值风华少年。有它的陪伴，我也似乎变得年轻、变得蓬勃有生气。

（作者为中国电信安庆分公司退休员工）

《易读》延展着我的阅读生活

熊华国

打开《易读》2021年第3期，先看目录，《本期关注》《阅读前沿》《人间书话》《原汁原作》《易读社区》等都是我喜欢的栏目。

2021年，是中国共产党成立100周年。接下去，我先读《人间书话》栏的《读者们：列宁、毛泽东、胡志明和卡斯特罗》。之前，先后读了习近平《论中国共产党历史》、吴再的《向中国共产党学习》、张珊珍的《建党伟业》等图书。《读者们：列宁、毛泽东、胡志明和卡斯特罗》认为“《共产党宣言》在它出现后的短短几十年里成了现代最有影响力的文本之一”“在之前四千多年的文学历史中，几乎没有文本能够这样有效地影响历史的发展”。文章强调《共产党宣言》对世界社会主义国家建立的影响，还提到毛泽东第一次读《共产党宣言》的情景，对毛泽东来说，这之前是迷茫时期，而转变发生在他第一次读到《共产党宣言》的时候。

选文注明节选自马丁·普克纳所著《文字的力量》。《文字的力量》是一本好书，我赶快备书，开启阅读之旅。我先读选文的原文第十二章《马克思、恩格斯、列宁、毛泽东〈共产党宣言〉的读者们，联合起来！》，文章厘清了《共产党宣言》文本产生的历史及意义。接着又读第四章《向佛陀、孔子、苏格拉底和耶稣学习》，梳理了文字诞生之前那种“通过对话和面对面的交谈来教导”的传授思想的方式，以及后来文字的出现、记录、纸张、印刷、图书馆等的历史，佛陀等人的伟大思想才能流传至今。随后再读其他章节直至全书。

读完《人间书话》的每一篇，接着读《阅读前沿》等各个栏目。其中《原汁原作》栏目的《那些过时的东西》一文，选自苗炜的《给大壮的信》。作者我不熟悉，选文却读得津津有味：“老大爷边走边背《洛神赋》。”“《易经》那本书看着挺吓人，学几天就知道，基本上是扯淡。”“小时候背过《滕王阁序》，也看过一点儿《古文观止》。”“上高中时男女同学之间喜欢互送一本《简·爱》。”等精彩句子给我留下深刻印象。

我读书喜欢做一些圈点勾画，或做些批注。有所感有所悟，不断地丰富着自己的阅读生活。既然苗炜《给大壮的信》这么有味，也就备书一本，读原书，也可以在书上作记录。全书三十八封信，分四个专题：“过一种智识生活”“过一种审美生活”“过一种有道德感的生活”“家”。这是大壮父母寄予孩子美好人生的四要素，作者亲身经历，娓娓道来。

苗炜写到作家乔治·艾略特时说：“她最有名的那本小说叫《米德尔马契》，是真正写给成年人看的”，继而明白一个道理：“许多流行的东西是纸币，而一些过时的东西是黄金。”这话说得真有意思。既然是“黄金”，所以我又买了一本《米德尔马契》，准备好好读一读。还有苗炜的《文学体验三十讲》，都是要读的。

《易读社区》栏目李剑明的《山中的青春岁月》，是因傅国涌的《开门见山——故乡雁荡杂忆》而来，而傅国涌的“故乡雁荡杂忆”系列在双月刊《老照片》连载过多次，引得我找出《老照片》多期重读。

《易读》直接或间接介绍了很多书籍。特别是《本期关注》之后会小辑二十本以上馆藏之书，《阅读前沿》之后也有二十本以上馆藏“新书扫描”，指引读者阅读。大容量推介书籍，是《易读》刊物独特的一面，我读过的杂志中，《易读》的书籍推介量是最大的。

我的“滚雪球”式读书方式也是读《易读》养成的。

2019年新春，我的阅读从《易读》第1期起，由《人间书话》栏目毕飞宇的《两条项链——小说内部的制衡与反制衡》到毕飞宇的《小说课》，再到毕飞宇的《虚拟》短篇小说集。接着读华东师范大学出版社出版的“华语短经典”苏童、方方、李洱、赵玫、徐坤、孙甘露、路内等作家的短篇小说集，对这些当代作家有了第一次的了解。

读《易读》2019年第2期，《阅读前沿》栏目夏学杰先生的《冯骥才文物保护的心路历程》引领我阅读了冯骥才的《漩涡里：1990—2013我的文化遗产保护史》。通过冯先生的鼓与呼，国民的“关心关注文化遗产的保护”意识强了。我也对之更关注了，又迫不及待地买了新出版的《胡同深处的北京》来读，读后将特别喜爱的文句拍照发到微信，微信朋友说：我也要买书来读。还发现余秀华《无端欢喜》的一些篇章也有“新农村建设传统文化丢失的痛”。

《易读》2019年第3期出版后，我先浏览一遍，继而细读几篇，其中，唐山先生的书评文章《疾病是一堂生命教育课》引领我去读原作《与疾病对话：全科医生手记》。在书中，胡冰霜医生（教授）回望自己四十年行医路，道疾病背后的身体与心灵，同患者、读者一起穿透疾病的表象，寻得生命的和谐。

《易读》2019年第4期，读了《原汁原作》栏目诸士莹的《倾听农人的声音》后就备书读完全书；读了《阅读阅读》栏目的《读书要牺牲什么》，就接着读了原书《与皮沃父女左岸读书》；赵勇《一个人的阅读史》文中 “通常的情况下，一个老师的某一门课讲得好，他（她）所提到的作品就读得多。”深有同感，也提醒自己多读点书，争取把课讲好。

《易读》丰富着我的阅读生活，丰富着东莞市民的生活，丰富着所有读书爱好者的生活。这本好杂志，我不能独享。每次读完一期，就拍照发到微信朋友圈和QQ朋友圈，推荐给我的朋友和学生。

学年开学，我在初一年级组织“《易读》者”第二课堂活动兴趣组，向学生全面介绍东莞图书馆、《易读》的各个栏目、数字资源等，引领同学们读书。以个体的微光，点亮阅读的星空，传递人类文明的亮光。

（作者为中学老师）

《易读》易读，历久弥新！

冯景光

七月十五日下午，市馆李主任微信联系我，说2021年正值《易读》创办十年，将于近期编辑出版2021年特刊一期，特邀我为《我读〈易读〉》栏目撰稿。顿时有一种受宠若惊之感，心中一阵忐忑。每季我都会收到一本《易读》，都是匆匆浏览，深读不多，一个问号油然冒起：我能把这篇文章写好吗？

我跟《易读》的第一次正式接触，是在六年前的2015年，李主任提出让我尝试一下写书评，许多年之前我曾向市馆投过稿，现在重操旧业，有何不可。因为我是经济管理系毕业的，李主任特意安排一本经济类的新书给我。于是在2015年第2期《易读》的《阅读前沿》里面发表我的第一篇文章：《寓言当中的经济含意》。至今，一共写了五篇书评。最近一篇是关于疫苗方面的书，之前还有关于历史、传记与植物的，让我有机会走出自己的舒适区，接受一次又一次挑战。

《易读》，与其说是一本杂志，不如说是一本书。相当有质感，非平常杂志可比。我拿一本2015年的《易读》与2021年的一本《易读》相比较之后，似乎可以感受到这本杂志的一个较为显著的特点：十年不变，作风一贯。它的封面与背面设计，它的目录大纲约十个栏目（2017年新增一个《易读问》的栏目），以不变应万变的独立姿态，在当下娱乐至死的浮躁背景之下，在提倡全民阅读的氛围之中，画出一道亮丽的风景线。

《易读》是一座双向桥梁。其一，它搭建了图书馆与读者之间的沟通渠道，目的在于满足不同层次读者的读书需求。目录的设计与安排，正是围绕这个目的进行的，可见用心良苦。现在让我们一起细品一下，《卷首语》与《本期关注》两个栏目，满足主题阅读的高层次读者，以求深度解读时代热点，在拓宽视野之际，有一种豁然开朗之感。2021年第1期的关注点“家谱”，《卷首语》点评本期关注的三篇文章，起提纲挈领的作用，激发读者的兴趣。三篇文章，三种角度去作深度解读，有理有据，论述条理清晰，重点突出。最后一篇家谱之书小辑，将市馆馆藏的相关书籍一一列出，便于有兴趣作主题阅读的读者进一步研究与探讨。

《阅读前沿》栏目，推介新书，我的书评就属于这一类；《人间书话》版栏目，推介现有书籍；《原汁原作》栏目，则选刊原书章节，原汁原味呈现于读者面前，好比出外吃饭上菜，感兴趣的，就来借一本，读一读，尝一尝。喜欢尝鲜的读者，喜欢别人推荐的读者，喜欢直奔主题的读者，无不照顾到，总有一本适合你的口味，总会有一本让你感兴趣的。《阅读阅读》这个栏目，有点意思，从阅读当中抽身出来看阅读这回事，常说当局者迷，那么抽身局外看阅读，又是如何一种感觉？如果你没有读过《易读》，下次就拿一本读一读，免费。这样一本印刷优良，纸张相当有质感的不是书本的书本，不要错过！

双向桥梁，另外一个方向在哪里呢？这就是易读书友会。学而优则仕，读而优则写，不失为一件好事。2014年，我参加李主任主持的易读书友会活动，积极响应上台领读。还记得当年上台领读的第一本书是获得的诺贝尔文学奖的《二手时间》，为了做好读书分享，我还特意买了作者相关的几本书，花了大量时间反复阅读，提炼观点做PPT，有点意思。马斯洛的需求层次理论当中第四层：自尊。通过读书，在易读书友会上，不仅可以建构自我的认知框架，而且还可以获得大家的认同，增加自信，一石二鸟。在《易读》上可以发表文章，可谓更上一层楼，何乐而不为！《易读》为优秀的读者提供进一步的提升空间，如果日后再往上一层，不妨可以考虑在杂志内设一《莞邑新手》创作专栏，为有兴趣写作的书友提供一个发表平台。如果再往前一步，市馆大可组建一个创作书社，为一些优秀的写作爱好者提供出书的平台，那就再好不过了！名字我也想好了：“易写书社”。去年年底，我草创了一个四不像书社，正在集体创作一本书——《破爱》，至今已写初稿近六万字。摸着石头过河，这一切，或许都是从向《易读》投搞的那一刻开始，从易读书友会上领读开始，从市馆李主任对我的悉心栽培开始。别人可以写，为什么我们不可以呢！事在人为。

与时俱进，《易读》当中的《e读》栏目，与互联网接轨，与数字科技接通。读者可以接触到不同的电子信息资源，大可畅游在知识的海洋当中，乐而忘返。还有《出版回望》《书香社会》与《易读社区》三个栏目，关于出版、关于读书活动、关于读者反馈方方面面的信息，都可以一一接触到。

一边写，一边回忆，从易读书友会，到《易读》，再到东莞阅读联盟的读书活动，从提倡深度阅读再到写书创作，一路走来，收获了满满的友谊，收获了丰富的知识。一转眼，已过七年，风光无限。这篇约稿，能不能让李主任满意，不大确定，可以确定的是：《易读》一直在我的心中，《易读》是我人生当中的美好回忆之一，此时此刻，正在追忆与《易读》之间的这段情缘，历久弥新！下次，我会好好细品。

《易读》十年如一日，其中凝聚多少人的时间与精力，理想与追求。当然，这一切离不开《易读》的主编与编辑的努力和坚持。世界难就难在认真二字，把认真二字进行到底，确实难能可贵！在此，深深表示谢意！

十年之后，又踏上一个新起点，祝《易读》越办越好，越走越远！

（作者为自由职业者）

《易读》的气质

徐朝光

2017年是我读书生涯的重要年份，这年我与《易读》邂逅。那是个周日，上午十点，我在东莞图书馆查找一本专业书未果，正百无聊赖地翻阅着一本人物志，广播里突然传来易读书友会正在举办活动的消息，我果断放下手头的书，奔向四楼……这就是我和《易读》的开始。那天，我从读书会组织者李正祥老师手中拿到了第一本《易读》，一本装帧古朴而典雅的季刊，大小拿到手里正好。从此，《易读》成为我床头书中的常客。

读书是一件带着强烈私人属性的事情，按照这个标准，《易读》恰到好处地满足了每一个人对读书这件事的想象。《易读》每期都有一个主题，《本期关注》栏目选题兼具知识性和普及性，满足了忙碌的城市人“日阅方寸，旧去新生”的选书标准。工作间隙抑或不寐之时甚至如厕之际，都可随阅一文，任思绪随文字飘逸到未知之地，虽时光不过一瞬，然阅毕时有如隔一世之恍惚。

《易读》每期都会推介五本新书，由书友以读后感形式呈现，每每读之，总有购买一本的冲动。随后，我又想起书柜里一堆未开封的新书，随即从这种冲动中清醒——感叹时间被俗事挤满的无奈，但转念又庆幸有《易读》带我领略思想异域之风光。读《易读》久了，自然而然就把那些时常出现的撰稿人当作老友一般，看到他们的名字就特别亲切，比如夏学杰、冯景光、杨河源、涂文、赵莹、雪堂、林颐……有些至今不曾谋面，有些因书结缘而相见。某日，我受邀去参加一档电台读书节目，一同受邀的还有国学造诣颇深的杨河源老师，虽然只有短短两个小时但却对他印象深刻。那天回家路上，我突然意识到，这些撰稿人职业、性格甚至文笔都迥然不同，但他们身上却有着某种共同气质。

《易读》每期还会介绍五本经典书目，由编辑选取“原汁原作”的原著选段，阅之总是能给予我或温暖或坚毅的力量。我还特别喜欢《易读》的“新书扫描”内容，短短数行就浓缩了一本书的精华，由衷感叹编辑老师的文字造诣。张宽路老师曾经长期负责“新书扫描”内容，他也是易读书友会最初的负责人之一。接触久了，书友们发现张宽路老师非常安静，但谈起书来却可以滔滔不绝。张宽路老师现在去了新疆对口支援当地图书馆建设，前些日子看到书友在微信群给张老师留言，盼望他回来给大家分享一下读书心得和新近见闻，这也正是我心中所念。桃李春风一杯酒，江湖夜雨十年灯。书友们所念的或许是编辑老师身上那种气质，正是这种气质带给读者们那股温暖而坚毅的力量。

认识《易读》源于易读读书会，但我从未试图搞清期刊和书友会哪个在前哪个在后，抑或谁是谁的延伸。在我看来它们是一体的。自2017年之后的一两年，我成了读书会的常客。在这里，我与学生、老师、工人、老板等各种不同身份者相聚，仅仅是因为喜欢读书。在这里，讲述者、倾听者、高谈阔论者、娓娓道来者……每张脸上都绽放着愉悦的光彩，展现着书籍才能给予的满足。在这里，有人钟情诗词歌赋，有人喜欢人文社科，有人爱读科学博物……文学爱好者，最看重的可能是故事；社科读者，最看重的可能是现实；科学博物的读者，最看重的可能是发现……在这里书友会为该读什么书而争执，但不会有人将好书的标准强加于人。那时易读书友会每月举办一两次，日期固定在周日，书友们也就成了周日的朋友。朋友身上自然有相似的一面，有着某种类似的气质，这种气质并不好用语言概括，他们进门的刹那仿佛都自带明月清风，可以抚平一切杂念。读书会的气质变成了一种力量与《易读》交相辉映。

李正祥老师是《易读》的编辑，也是书友会的组织者之一。每次读书会，他都尽量把时间留给书友，只是在必要的时候担当一下主持人的角色。李正祥老师非常平易近人，书友都愿意和他接触，借书、荐书这些小事，他都愿意帮忙。李老师的工作就是和书打交道，他的办公室有各种各样的书，但他从来不觉得读书具有多么伟大的深意，他说任何人都可以读书。也正是因为李正祥等几位老师的坚持，读书会因此愈发有生机，凝聚了一批忠实的书友。有次，一位来自江苏的年轻书友趁着到东莞出差的间歇专程来参加读书会，他说之前在东莞时参加过一次，由此就念念不忘。

读书会曾经讨论过尼尔·波兹曼的代表作《娱乐至死》，书中对蒸蒸日上的电视时代展开了批判，电视作为新的媒介重构了公众话语，政治、商业、宗教、教育等公共领域已经被娱乐侵占。这本书写于1985年，三十六年过去了，现在人们休闲的方法就更多了，科技的发达使得书本逐渐被代替，现代人读书的时间越来越受到挤压。正如李正祥老师常说的，读书是一件非常奢侈的事情。许多时候，现代人下班后，还是情愿通过电子产品来消遣，而不是通过读书来调节生活。因为有了易读书友会和《易读》，读书在我的生活中仍然还是占有相当的地位，面对芜杂世俗之事，任你红尘滚滚，我自清风朗月，这种宁静和淡泊的气质，或许是《易读》吸引我的地方。

（作者为公务员）

《易读》，有温度的阅读

涂 文

我是先加入易读书友会，再来读《易读》，而后成为《易读》的忠实读者的。人世间与所有美好的结缘都始于人，而我与《易读》结缘要感谢三位朋友。

第一位是书友冯景光。

认识书友冯景光是在六年前。那时自己正在一家外企供职，工作之外的闲暇时光颇多，偶识冯景光书友。起初并不熟络也不健谈，可只要景光书友提起读书，便会滔滔不绝讲得眉飞色舞。我在一旁坐着，偶尔听到会心处，莞尔一笑。但大多数时候，自己总是似懂非懂，脑子里云雾缭绕。当时景光书友常常将易读书友会挂在嘴边，逢人便是热情推荐邀约。而我怀抱私心，为了化解自己读书浅薄的尴尬，爽快地答应了景光书友的邀约。

那时易读书友会是一月一次主题读书活动，每每临近活动日期时景光书友便会隔三差五给我发一条活动信息，越想牢记越会忘记，到活动当天自己偏偏睡到日上三竿，一觉醒来直奔图书馆，早已散场。好在景光书友坚持数月不懈给我发书友会活动信息。终于有一天我姗姗来迟却仍是在散场之前到了图书馆423空间站。一进门，我就看见了乌泱泱的人群坐着，舞台中央一位书友正在滔滔不绝眉飞色舞讲着，这个表情似曾相识多么熟悉。我才恍然大悟，这神情不正是在景光书友身上看过的吗？原来所有读书人谈到书都会同样地振奋抖擞。

第二位是编辑张宽路老师。

在嘉宾与观众之间还有一个人，脖子上挂着一台单反，不停地在场地间游走，这就是我第一次见张宽路老师的情形。张老师是全场最忙碌的人，一会在台前试麦克风的音量，一会在台后调试PPT，等到一切都完美就绪，领读人在台上从容大方分享的时候，他又举起相机，在场地四周不动声色地穿行，不影响嘉宾聆听和领读人分享，抓拍出一张又一张经典的照片，让人洞见阅读之美。书友会结束之后，张老师还临别赠语，指着书桌摆放整齐的一摞《易读》说，这是最近一期的《易读》，可以取阅。

我走上前，伸手取读，印入眼帘便是《易读》精致的封面，黑色朴实的“易读”二字，再加上金粉点点彩带飘飘，让人联想到一年四季暑去冬来落英缤纷，情不自禁就喜欢上这本书。翻开《易读》，看到每一个读书人在深夜挑灯夜读的不易。读书是一个人在精神世界的孤身挺进开疆辟壤，尤为孤独，有《易读》为伴，就像漫漫长夜当中仰望的那颗启明星。因为《易读》的存在，也让读书人内在的成长对话得以展露，惠及更多在书海岸边徘徊的读者，得以有机会选择读书。

第三位是编辑李正祥老师。

书，读得多，看得多，自然就会慢慢有了表达欲，特别想跟别人分享。身上散发出那种无法抑制的热情曾经在景光书友身上见过，曾经在台上的领读人身上见过，如今自己也有了。光有一腔的读书热情，却不知该如何发光发热。有一次斗胆在书友群里发表了自己的见解，虽然字里行间自己是一副指点江山的大气，可心里却是小鹿乱撞惴惴不安，犹恐自己的浅薄之见贻笑大方，却没有想到得到了李老师的鼓励，备受鼓舞。

那时也恰逢自己人生的转折期，迷茫至极，不知自己人生的路该何去何从，整日在图书馆里待着，隐身于一排排书架之中。每周总会有那么几次不巧被李老师撞见自己抱着书背着包在图书馆大厅转悠。可李老师见我，从来都不问我为什么不去上班，只是问我又看了什么好书，又有什么心得体会，鼓励我读书有了感悟就一定要写出来，独乐乐不如众乐乐。就这样，我鼓足勇气给《易读》投稿，在别人看来微薄的稿酬，对我而言却是极大的收入与最高的认可。身处低谷时早已溃败不堪的信心就这样一点一滴一笔一画一字一句重新恢复。《易读》对我而言，不光是风花雪月时点缀生活的霓虹，更是风雨兼程时照亮人生的星光。

如今自己在书架上留出一行，专门用来摆放《易读》，希望日后整个书架都可以摆满《易读》。感谢《易读》，让我这些年始终得以悉心呵护读书的热度；感谢《易读》，让我这些年始终不懈挖掘认知的深度；感恩因《易读》而结缘认识的那些书友们，这就是《易读》最宝贵的馈赠。

（作者为自由职业者）

我编《易读》

《易读》十年，努力和爱书人同行。数字时代的纸媒编辑，大概就像工业时代里笨拙的手工业者。纸质墨香积攒人间温度，如家人闲坐，灯火可亲。时代越来越快，但总有人喜欢慢慢行走，愿每一个走在路上的人都不会孤独。

《易读》十年拾光

冯　玲

曙光前行

《易读》初创的2011年，图书馆阅读推广正茂盛生长。这一年的10月，“深入开展全民阅读活动”被写入《中共中央关于深化文化体制改革 推动社会主义文化大发展大繁荣若干重大问题的决定》，中央文件中首次出现“全民阅读”的提法，通过社会各界努力，全民阅读上升为国家战略。

图书馆行业以扎实的工作实践成为全民阅读的主力军。早在2004年，中国图书馆学会就首先发出全民读书的号召，确定“全民阅读”徽章；2005年一开年，中国图书馆学会首次以峰会命名的学术研讨会在黑龙江大学召开，“图书馆与社会阅读”为五个讨论议题的其中一个，并在这一年决定成立科普与阅读指导委员会，在推动全民阅读方面设立专门的组织机构和指导原则。

东莞图书馆行走在阅读推广的前沿。2005年，以新馆开馆为契机，举办了首届东莞读书节。2006年，中国图书馆学会科普与阅读指导委员会（后为阅读推广委员会）在东莞召开成立会，李东来馆长为副主任（现为主任），东莞图书馆还成为下设的六个分委会之一——图书馆与社会阅读专业委员会的主任单位。良好的平台推动东莞图书馆在阅读推广上不断探索和努力。

春江水暖鸭先知。新馆开馆后的几年，通过完善设施体系、开展阅读活动、建立引导和激励机制，阅读服务的成效是明显的。在此基础上，如何从节庆仪式到注重日常，到融入生活，如何从一般号召到提供专业服务，如何顺应数字时代的变化，阅读推广面临新阶段的提升。而读什么、怎么读是核心，图书馆更应当在这方面作出专业贡献。

李东来馆长提出创办一份阅读刊物，认为阅读资源越是丰饶、越是简单易得越需要加以鉴选，要跟进阅读的时尚和潮流走向“e读”的趋势，要重视文本形态的新颖和品味，希望和学术界、出版界同类刊物错位，借此表达图书馆的阅读主张，发挥图书馆的导读作用，成为图书馆与社会的连接。因为在阅读推广发展的大背景下承载着追求和有所寄望，酝酿和尝试的过程都显得比较长，他带领大家从刊名、宗旨到栏目、编务、样式等经过了多次讨论，在否定肯定中思路慢慢形成，开始试刊。2011年春节后，当时返聘东莞图书馆的专家、湖南省图书馆资深编辑韩继章老师牵头组稿，设计公司排版印刷，拿出了一期非正式的样刊。2月14日，邀请北京大学信息管理系主任、阅读推广委员会首任主任王余光教授莅莞，以样刊为“靶子”，召开了刊物讨论会。这次会议，确定了《易读》的刊名、刊物定位和开本形态，对栏目设置、稿件甄选都提出了具体意见。李馆还细心地提议设计搭配一枚书签，并要求在“4·23”世界读书日时首发，《易读》正式进入出版时间轨。

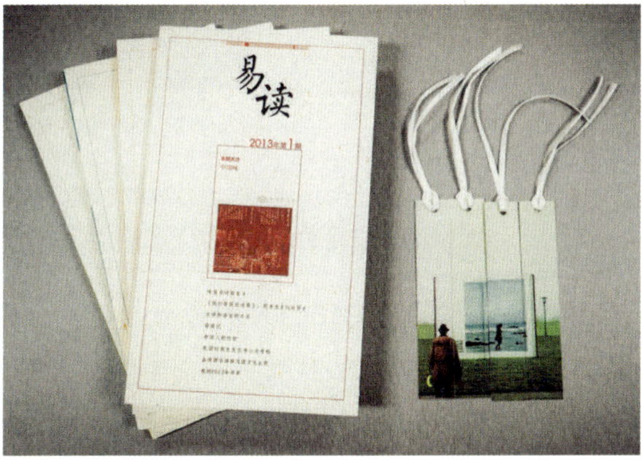

2013年《易读》四期，一幅图裁成的四枚书签

在春光融融，书香弥漫的那年四月，《易读》如期而至。初创的《易读》，以王余光老师发表在《光明日报》的东莞图书馆市民讲坛演讲稿《时代转型 阅读永恒》开篇；设置了九个栏目，内容涉及图书导读、学习方法、数字阅读、藏书出版、阅读活动等方面；精心进行了版式设计，杂志的书式呈现、书影的点睛效果、精致小巧的书签，清新淡雅的风格一下子博得了所有读者的喜爱。一定要给这视觉创意大大的称赞和深深的感谢！

《易读》的打磨还在继续，这一次文化学者、佛山电视台评论员杨河源老师，才情出众的媒体人唐燕老师正式加入了编辑行列。4月24日，《易读》第2期编辑讨论会召开。杨老师对栏目的修改和调整建议让《易读》平添隽永、悠长、宁和的书卷气和文艺范儿：《本期关注》和《阅读前沿》通过专题策划和最新阅读资讯的提供，以期读在当下追求一定的时间动感；《人间书话》和《原汁原作》则通过书话、随笔、序跋和原作摘选，以求读在永恒追求引人深思的境界；《阅读阅读》是关于阅读方法门径的介绍；《出版回望》追溯书业的历史；《e读》关注网络时代的阅读资源、阅读工具和阅读未来；《书香社会》宣传社会阅读活动；《易读社区》为读者提供开放交流作品的园地和互动沟通的平台，增强刊物与读者的联系。

《易读》框架渐明，核心编辑团队、主要栏目、编辑方针一直延续至今。

《易读》2014年第2期，推出第一张海报

数说光景

倏忽十年！置身纷杂的世界，对比当时的希冀，一本小刊的能力是微不足道的。但我们埋首用心，春耕夏耘，秋收冬藏，小有收成：40期，1233篇文章，102730册，10个书卷气袭人的栏目，每一期的话题、海报、书签、推广，每一个有缘相遇的读者，每一次读书活动，易读约稿、访谈、问道的领读者和故事……

2011年5月，我的笔记本上有一个工作记录：本期关注的论题确定，其他栏目的讨论应更具体，基本确定作者再去找文章，这实际上是刊物栏目稳定后的工作方式，具体化也便于操作。既然是选编类刊物，纵向上各栏目的选择应该有暗线体现编辑思路。最主要的是，如何在每期梳理阅读的脉络，或者以怎样的主线将我们认为的好书推荐给读者，由人荐书，从书找书评文章，应该总结几条路径。十年过去，《易读》的栏目是怎样练成的？

《本期关注》，40期40个话题。不管讨论时如何“风暴”，确定得都很“专注”——立足图书馆与阅读、沟通传统与现代。就这样，年系列、家系列、主题阅读系列、慢生活系列、热点系列，一个个话题在四季轮换中娓娓道来。

《阅读前沿》，40期196篇书评。这个原创书评栏目，挑选当季或近期新出版的人文、社科、自科类图书，邀约书评人、学者、读者撰写书评推介，书海拾贝，这份现在还不算长的书单，串起的是关于书的年代记忆。

《人间书话》，40期184篇；《原汁原作》，40期195篇。这两个栏目推荐书话和文章，从作者来选文，藏着编辑心思——每期由国内作者与1位国外作者文章组合，每期作者各有老、中、青代表，希望能让读者从中外、代际不同角度领悟文字和思想的魅力，并以此引导阅读路径。这同时也在考验编辑的阅读面，对作者的熟悉、打捞、再发现能力，其中推荐了一些优秀小众作者，希望能被更多的人认识。

《阅读阅读》，40期81篇。每期选取国内外作者各一个，聚焦阅读主张和态度，汇集读书经验和方法，躺着读书、四季与读书、读书效益增进法、经典名著如何“读得下去”，甚至“同时读几本书”……读书的姿势百千万种，书永远不死，重要的是要将阅读进行到底。

《出版回望》，40期83篇。细数出版（刻书）机构28家，从扫叶山房、芥子园、商务印书馆、广雅书局、儿童书局……一期一个地盘点出版史上曾经闪耀的文明之所，到建阳书坊、徽刻、蜀刻、广东刻书一年一个地详细介绍各具特色的地方出版史，感受出版和教育、学术、技艺的互促发展，勾勒知识传播、文化传承的来时图景。

还有，《e读》40期85篇，力求生动有趣地介绍数字阅读设备、手机应用软件工具，各图书馆特色数字资源、国外和行业外的开放获取资源；《书香社会》40期84个案例，展示东莞地区以及全国各地图书馆的阅读推广优秀项目；《易读社区》40期132篇，分享书评感悟、读书故事、淘书经历和阅读书单。

还有，40期形成的封二、封三的图文系列，文中的“补白”系列，书签系列，用心尽在其中，展现阅读之美。

十年过去，《易读》也在变与不变中成长。办刊宗旨和初心不变，主要栏目相对稳定，出版周期固定，刊物设计稳中有新，内容质量努力保持水准和特色。

2013年12月推出易读微信公众号，2014年第2期开始，配合每一期《易读》的付印，设计制作宣传海报，在总分馆张贴，并同步制作电子海报。2017年第1期开始，增加《易读问》栏目，每期访谈一位学人，刊发一篇原创访谈文章。《易读》以推广阅读为要。2014年9月，在业务部主任、研究馆员李正祥老师的组织下，易读书友会成立，以东莞图书馆423空间站为基地，以《易读》为纽带，定期开展读书分享活动。易读书友会先后开展60期读书会，协助东莞阅读联盟举办200余场读书活动。

《易读》稳步走着，在浩瀚书海中从容地选书、选文、选人，在传统和现实变幻中静静捕捉时代的印记，在日积月累中渐渐架构起阅读资源体系，在推介交流中传达阅读选择和阅读理念，用一本书影响一个人，一个人影响一群人，一份读物影响更多的读物，共同创造阅读生活。

光点记忆

很有幸，能亲历《易读》的孕育和出生，并从第1期卷首语开始，陪伴它一路成长，留下文字记忆。

记录前行的印迹。第一次捧出这册阅读类小刊时“几分忐忑又几分兴奋”的心情；第2期栏目调整后坚持“倡导阅读、帮助选择、紧跟e读的使命不会变”；新设《易读问》栏目的定位是“访谈学人，聚焦个体，问道阅读的昨天、今天和明天”；有“因董宁文先生之介，幸得著名翻译家杨苡先生、画家赵蘅老师母女赐稿，因而弥足珍贵，特以‘专稿’刊发,以志胜缘”的感念；也有“《易读》从创刊起就在每年第1期，以‘我的年度书单’为题，面向读者征集上一年度的个体阅读记忆，在朴素、散落的阅读痕迹中，管窥时代阅读风貌，分享当下阅读信息”的说明。

解读专题背后的思考。关注“岁，我们守得住吗？”，需要唤醒的是对文化身份模糊和文化基因消逝的警觉，更需要行动的是如何在不断向前的同时为未来留下“所有过去最好的东西”。关注“家”系列，从家世（2018）、家训（2019）、家书（2020）到家谱（2021），回望祖辈启程的原点，梳理家族的精神谱系，展现“家”在传承中华文明中的价值和影响。关注“茶”，论述茶从物质属性向文化属性的升华，感悟人生的清寂和陈香，盘点重要的茶文献，推广有茶有书、有滋有味“悦生活”活动。关注“后浪”，其实前浪后浪之间，并无严格分野，后浪前浪之间，必须有无数结实的链接。

聚焦图书馆的发展。2012年中国图书馆年会在东莞举办，关注“传承•交流•对话”，再思考图书馆的社会价值和作用——我们无法预知未来，我们能做的是警惕思维的僵化，与社会同步，以人为本，关注需求，继续扮演好文明传承和知识传播者的角色，经营好这个知识共享的空间和场所，为思想沟通和交流对话搭建稳固的平台。关注“图书馆想象”，所有的行业都面临着重塑和再造，图书馆也在变化中，充满无限的想象和丰富的可能，套用那个有名的句式——你怎么样，图书馆便怎么样。2020年“读者留言东莞图书馆”带来了更深的思考，关注“图书馆故事”，关注“再发现图书馆”，也是要再认识和更珍视图书馆行业的立基之本，更深入地去发现图书馆行业的变化，有更多的人重新认知图书馆，更好地促进图书馆发展。

抒写阅读的感悟。关注“阅读，通往幸福吗？”，也许并不会有个明确的结论，但幸福源于个体内心的感受，阅读是最为普适的精神生活，我们需要为自己建立一个精神书房，通过阅读的带领到达生命的某个高度，不止通往幸福，而且更远、更深。关注“书店”，“书”承载的知识和思想，“阅读”建立的传承和连接，让书店不仅仅是一个卖场，更是文化生态的有机部分、生活方式变迁的象征，希望“书”和“阅读”在变化中，不要成为被动的陪衬。

与《易读》同行，也是和编辑团队的同仁们互学相长的过程。李东来馆长的创新思维和开阔视野，杨河源老师的学者本色和知识库藏，唐燕老师的策划眼光和文字功底，李正祥老师的博览群书和认真严谨，为《易读》出品打下了踏实的基础。几位年轻的编辑——e读通小麦、嗜书的宽路、勤勉的伟华，时常带来新鲜的想法、跳跃的建议，不经意地打开另一个视角。一起同行过的黄文镝老师和能干的岚屏，仍然在关心《易读》、推广《易读》。而总是用成品说话的美编，一直在背后默默地努力！

感谢，感谢刊物连接的所有人——主管部门、编者、作者、读者、学人、同行，对阅读价值的坚持，对阅读种子的呵护！每一次关注，每一次阅读，每一个鼓励，每一个建言，都鞭策着《易读》不断进步。

十年走过，已留屐痕，来日方长，更抱期望。

《易读》怎样组稿

《易读》编辑部

组织稿件是编辑一份读物的重要工作之一，从源头上保证了《易读》品位和质量。在《易读》约稿时，很多名家毫不计较润笔，欣然应约，也都是被《易读》的品质和编辑水平所打动。那么，《易读》编选稿件时有什么秘诀吗？

一、团队优势

最大的秘诀就是编辑团队爱读书。主编李东来馆长知识渊博，思路开阔，关注前沿，其命维新。副主编冯玲副馆长熟知各种图书馆典故，诗文鉴赏，颇有心得。杨河源老师涉猎广泛，百家经典，经史子集，信手拈来。唐燕老师对中外名家的文笔特点，如数家珍，剖析词句，自有一套。李正祥老师热爱阅读，业余时间均以诗文鉴赏、了解新知为乐。张宽路、麦志杰、陈伟华三位也紧随师长，焚膏继晷，力求上进。

编辑团队的第二个优点就是学风质朴，编辑讨论自由开放，兼容并蓄，颇有雅典学院之风。在两本图书各有所长，两篇文章难分伯仲之时，大家各抒己见，充分讨论之后，采用票决制。这种做法的优点是最大程度地代表了读者的需求。正因为这种编选方法，《易读》保证了学术性与通俗性的平衡，选登的文章有好多篇后又被《读者》选载。

二、原创约稿

《易读》的《本期关注》《易读问》《阅读前沿》三个栏目主要是原创稿件，具体组稿分为选题、找人、约稿三步。

选题由编辑团队来完成，力求结合当下社会的关注热点，又深挖形成热点的文化根源。“本期关注”的选题既有图书馆专业方面的 “图书馆想象”“数字阅读”“经典阅读”等，又有文化传承方面的“汉字之美”“家谱”“家书”等，以及生活方式方面的“慢生活”“都市耕种”“跑吧”等，还有现代科技方面的 “AI”“美图”等，这些选题力求兼顾历史与现实、书斋与社会、阅读与济世等问题，即使不能给出一个完美的答案，也力求激活读者思想，让读者自主思索答案。

推荐新书的《阅读前沿》栏目的选书工作，也是颇费心力。早期主要是搜集《中华读书报》《中国出版传媒商报》《文汇读书报》《南方都市报》读书版，以及搜狐、网易的“人文社科联合书单”等处的信息，汇集近百种备选新书，再在编辑会上讨论决定。2016年后，《易读》编辑部陆续跟国内的一些优秀出版社建立了直接联系，搜集新书信息就更快一步了。

找人是约稿工作中最难的一步。这一步必须满足两个要求，一是找的作者学科知识必须扎实，优先寻找在该选题方面出过学术著作的大家，以保证文章的考据材料经得起推敲；二是约稿的作者能够写科普性通俗文章，力求深入浅出，文笔通俗幽默。比如“西南联大”专题就约到了出过专著，又经常在报刊上发表文章的谢泳老师，他写的《关注西南联大：探寻一种久违的传统》堪称约稿典范。

第三步是沟通协商文章的写作范围。特别是《本期关注》要约三位作者来写稿，必须避免内容重复。联系到有意写稿的学者后，编辑会突击阅读他们的著作、文章，力求在约稿提纲中锁定他们的学术范围，放大他们的文笔特点，力求作者能立足本行，放纵文笔，尽情发挥，给我们一篇酣畅淋漓的快意之作。

三、选摘方法

《人间书话》《阅读阅读》《原汁原作》《出版回望》等栏目主要是从已公开出版的图书中选摘文章，以点带面，引导读者去阅读原书，在选稿时力求学术扎实文笔通俗。

《人间书话》栏目是专门找寻名家大师们的图书推荐文章。主要从四个方面找书找文章：第一类是在出版界学者、藏书家的通俗随笔中去找，如锺叔河《书前书后》、谢其章《佳本爱好者》；第二类是从图书馆学者、阅读推广名人的散文集去寻，如沈津《书丛老蠹鱼》、虞云国《书砦梁山泊》；第三类是从学者、作家们的散文集中找，如台湾大学台静农的《龙坡杂文》、张恨水的《写作生涯回忆》；第四类是在丛书中找，一套丛书中若有一位学者曾被《易读》刊选过文章，该套丛书中的其他书籍基本可以选用。

《原汁原作》栏目相当出彩，《易读》选登后又被《读者》刊登的文章几乎全部出自《原汁原作》栏目。为了照顾不同年龄段的读者，这个栏目在选稿时比较注意时代、文风等因素，主要遵循以下原则：第一，年龄、文风原则。现在看来稍显文雅古奥的鲁迅、沈从文等人，解放前后均有著述的萧乾、傅雷等人，改革开放后成名的麦家、阿城等人，新世纪成名的毛尖、蒋方舟等人，各个年代力求平衡。此外，还注意选取外国作家的文章。第二，名家大师原则。在各个学科颇有成就的学者著作中选文章，比如历史学者唐德刚、顾颉刚，经济学家张五常等。第三，全集、丛书、套书原则。出版社肯为某位学者出全集，该学者的学术水平、文笔功力一般是经得起审视的。同样的，出版社把好多位作家、学者列在一起出丛书，那他们的学术功底、文笔辞章也会接近。

《出版回望》是重温中国图书出版史的栏目，从改革开放初期的丛书出版上溯到古代的雕版印刷，均有回顾。选稿主要有两个原则：一是选题经典，麻沙本、建本、蜀本等历史上非常著名的版本一定要涉猎；二是选文章力求翔实准确，从严肃的学术论文、学术著作中选摘，力求所选文章考据确凿、学识精准。

四、编读往来

向学者作家约稿，编辑部自然要多方联系，新人投稿，编辑部也是允恭允敬，敬设《易读社区》栏目以待新客。但凡新人投稿，只要文笔过关，都会送上编辑会审读讨论，水准相近，新人优先。“问渠那得清如许，为有源头活水来”是《易读社区》最核心的原则。

（执笔：张宽路）

我与《易读》

杨河源

《易读》要编辑十年特刊，分配给编辑的写作任务，是说说各自在参编过程中的点滴感受与心得。我这才惊觉，时间过得忒快了，转眼已经十年。事实上，对于哪怕十年这样方便回顾的时间单位，身在局中终始其事者，事先固然很难有清晰的预估，事中也未必能指认完整的线路，事后恐怕都只能如我一样，一声惊叹。

人的一生，去掉求学的青少年和年老退养的时段，真正用于工作的时间，顶多也就三四个十年，能在履历中留下一块连续十年印记的事儿，屈指可数。编辑部指令下达后，我翻了翻所存的一份纪念样刊的版权页，像我这样参与创刊而列名至今的，为数甚少。甚至动议创刊《易读》并对《易读》有具体设想的东来馆长，今年退出主编编务后，也不再署名。现在我可以说，《易读》是我阅读生涯当中，最为重要的公共事件。《易读》成就了我卑微的人生愿望：做个读书人。

我的老家原名柴山保，是红军的第一块根据地，当然的革命老区。革命老区除了在革命期间，为革命贡献了巨量的青壮之外，严酷的革命环境和残酷的革命进程当中，几个来回，文化的迹象也都消解得格外彻底，可谓“光州”。老家所在县份，即由旧光山/光州大部、麻城黄安北部所析数乡新并而成，初名经扶。1932年10月，国民党政府为统一事权，便于控制鄂豫皖边界的大别山区，对付革命力量，以时任河南省政府主席刘峙之字名县。所以打我记事起，除了书写在石灰粉刷的房屋外墙上的标语，仅有的文字迹象，就是隔邻一位伯爷代为保管生产队订的《河南日报》。

如此境况，当然满足不了任何人的文化需求——假如其人还有文化需求的话。对于我来说，情况更加严重。因为，和其他小伙伴相比，我作为人的好奇心，对广袤无垠的世界，对深邃无底的人心的好奇，一点也不少于其他人，但与无穷好奇心相悖的有限肉身，我比其他人就更加有限了。我从小就体弱多病，即使公平地和其他小伙伴摔跤打架，多半亏输，哪怕偶有胜算，落败的小孩子到我家门口一通哭闹，不由分说，我都会被挣扎生活而心绪不佳的父亲一顿胖揍。在学校里，那个水泥乒乓球台永远也轮不到我头上，不说我不可能谋到一块球拍，就是每人三球定胜负，何以会得分最高到6:5，我就没闹明白过（很久以后得知，计分从3:3开始）。如此一根筋，如此性格孤僻，当然没有什么小孩子愿意屈尊做我朋友的。因此，凡是有字的物什，对我来说，都是无上的宝藏。

也许就因为成长时期对读物的极度饥渴，让我在填报高考志愿时，懵懵然选填了图书馆学这第一志愿，我望文生义，以为图书馆学就是读书的系科呢——入学之后才知道，这个系是管书的。“操千曲而后晓声，观千剑而后识器。”像我这样分类编目所阅书皮、版权页或者巨万者，刘勰所说的“晓”“识”当然无从谈起，浮光掠影浅尝辄止泛漫无归的阅读病根，倒是落下，铁定终身不去的。

大概是1986年秋季，班级集体去咸宁游玩。其中一项内容是泡温泉，几个男生泡在池子里，抄袭六一居士的风格，幻想理想人生，归纳是：一烟、一酒、一茶、一妻、一书、一澡盆而已。其中多数，或已兑现或曾经拥有，就是最后一项彻底落空，房间窄不容盆，淋浴罢了。“一书”在“六一”当中，最易满足，虽然如今书价动辄上百，但比起茶烟酒之类易耗品，可以反复翻阅多次的图书，还是便宜太多。烟已戒，酒不会，五音不全，四体不勤，能与众乐乐呼朋引伴的热闹，我也就自惭形秽自觉规避了，只剩无需伙伴可以独乐的阅读习惯，保持至今。或者就这么点无足挂齿的个人偏嗜，不知怎么给李馆我是个读书人的印象，因而就多了些参与东莞图书馆阅读活动的机会。

2011年五一小长假前，东来馆长来电，约过东莞一聚。因为先前亏欠李馆和东莞图书馆太多，我当然从命。不过以我对念兹在兹一心事业的李馆的了解，“一聚”肯定是个幌子。果然，他告诉我要创办阅读内刊的原因和办刊的大概想法，我呢，只能强作解人，硬起头皮将李馆的构思画出一个可以讨论的框架。于是，在2011年夏季《易读》试刊之后，有了差不多持续十年的基本栏目格局。我自己胡乱翻书的一些隙见，从此有了一个公诸同好的小小平台。

为了让这个平台真能促成“易读”，东莞图书馆采纳我的建议，邀请唐燕女士参与编务——唐女士一根健笔，有声于纸媒。她长期编辑日报读书版，信息清通，与出版界、书评人有稳定而广泛的联系，正是《易读》需要的骨干。我的偶弄文墨而得以发表，泰半在她的版面，尤其她并不以旧谊就眼睁眼闭，投而不中或中而动刀的情况屡有发生，论争之时更多面红耳赤，可谓畏友。不失原则、牢守底线，也该是《易读》所追求的品格。

于是每期的《易读》编前会，就是我的一场阅读盛宴。和老友冯玲、正祥交换各自的阅读感受，颇觉吾道不孤。听小麦讲述数字出版的进展，时有落伍的惶恐。宽路、伟华二小友先后准备的“阅读前沿”供选素材，更成了我即时阅读的备选书单。

也因了《易读》的间接因缘，我职业生涯的最后阶段，终于加盟东莞图书馆。因此可以说，《易读》坚定了我作为职业读书人终老书乡的信心。那些滋养我、感动我、启发我、鼓舞我的精神产品，那些高尚心灵，那些让枯寂生活多了色彩的万千世界，因了《易读》，多了一孔滴灌的可能。学问远望不到边，深测不到底，我素所尊敬的学者刘申宁先生甚且赞誉《易读》所作是“为后人积功德”，这是怎样的期待与鞭策！

点滴掘进，日拱一卒，我希望，与《易读》共老。

用心用力，坚守品质

李正祥

因工作需要，2012年初，我从采编部来到业务部。从此，与《易读》结缘，风雨同行，相伴十年。

其时，《易读》2012年第1期（总第4期）付梓不久，正待与读者见面。手捧新鲜出炉的《易读》，看着它雅致的设计和精美的印制，内心顿时有点忐忑，对将要接续的编辑工作感到有些紧张和不安。或许正是这种压力，激发出新的斗志，心中只有一个信念：用心用力，坚守品质。检视十年走过的路，重温编辑《易读》的点点滴滴，这个信念已深深扎根全体编辑人员心里。

业务部是《易读》的责任部门。作为业务部的负责人和《易读》的编辑，我几乎参与了《易读》编辑工作的方方面面，包括讨论主题、编辑主题书目、选稿、约稿、设计、排版、修改、审核、印刷、宣传、推广等，事无巨细，每必亲躬。即便如此，每当新一期《易读》付印之际，仍惴惴不安，总担心出现什么闪失和差池。在业务部十年，主持、策划和参与过的大小事务不计其数，唯《易读》之编辑工作是我用心最深、用力最久、用情最专之事业。若要谈《易读》的发展历程，以及其中的故事，我肯定是最佳人选之一，不说如数家珍，起码也能娓娓道来。不过，在《易读》创办十周年之际，我不想叙述历史，也不讲故事，我只从两个侧面来讲一讲作为一个编辑的我是怎样参与《易读》编辑工作的。

一是主题书目的整理与编辑。《易读》有别于其他同类阅读推广读物的最大特色，就是开展主题策划，每期关注一个贴近当下的文化热点，并将之作为《易读》主打栏目，取名《本期关注》。十年来，《易读》先后关注了四十个话题，涉及的范围广泛，如“发现童年”“守岁”“故乡”“汉字之美”“中国味”“在路上”“文明与瘟疫”“西南联大”“老游戏”“慢生活”“动漫时代”“街道”“方言”“在都市耕种”“手艺”“回家”“跑吧”“游学”“数字阅读”“生育”“茶”“书店”“香”“家世”“AI”“经典阅读”“家训”“美图”“科幻”“亲子阅读”“家书”“在家”“后浪”“图书馆故事”“家谱”等。《本期关注》重在组织原创文章开展讨论，表达《易读》主张和观点的同时，还向读者推荐一批与主题相关的图书目录，作为对该主题的延伸阅读，以达到拓展读者视野之目的。从接手总第5期开始，我几乎就承担了每一期主题书目的收集、整理与编辑工作。

主题书目，除了向读者推送书名、作者、出版社、内容简介等基本信息外，推荐馆藏是一项不可或缺的内容，因此，主题书目信息还包括该书的索书号和馆藏地点，或东莞图书馆总馆，或某个分馆。当然，这些都不是什么问题，最大的困难在于如何选择合适的书。由于篇幅所限，每期主题书目一般推荐二十余条即可，但是数量越少，则选择的难度越大，因为你必须在大量的图书中作出判断。编辑主题推荐书目，一个基本原则就是确保每种书都要有馆藏，所以在搜集书目时，我一般是先在Interlib图书馆集群管理系统中搜索东莞市总分馆体系的馆藏；如果馆藏体系中没有合适的，或者馆藏体系中适合的书目数量不足，就再在一些大型网络书店查找，如当当网等，或者大型图书编目中心网站，如国家图书馆联合编目中心、上海图书馆等，然后把需要的图书信息交给采编中心，由采编中心采购、加工、入藏。有些主题的相关文献数量比较大，如“汉字之美”“方言”“家训”“茶”“经典阅读”等，书目信息的查找和搜集比较费时费力，得先找出一大批书目信息，然后再从中选择自认为比较合适的书。《本期关注》的主题，从内涵来讲，其实都是很明确的，但并不是主题明确就一定会有许多与之相关的文献可供选择，这个时候就需要开阔视野，从临近或相近的主题范围来搜集书目信息，甚至反向思维。如“美图”“在家”“后浪”等主题书目的编辑工作曾一度颇费周折，它们的直接关联文献或字面文献并不多，几经搜求也没有找到太多的书目信息，只能求助相近主题或隐含主题，比如“美图”涉及到观看视角的问题，于是如何看世界、观看之道等之类的隐含主题也为我提供了一个搜集路径。总之，看似一则不过二十余条主题书目的编辑工作，也藏着技巧和学问，非用心不能成之。

二是《易读问》栏目的编辑与管理。《易读问》是从2017年起开始增设的一个书面访谈类栏目，受访嘉宾就个人阅读、专业成长及其相互之间的关系回答《易读》设定的问题。自2017年第1期到2021第1期，共有十三个专家、学者、作家做客《易读问》栏目，如王余光、胡野秋、陈子善、陈应松、吴晞、吴昕孺、刘荒田、肖复兴、李东来、杨苡、王晋康、董宁文、邱冠华、止庵、韦力、蔡家园、徐雁等。这些都是行业或社会中有一定影响的读书人，他们的读书经验和故事，为读者提供了鲜活的读书案例，受到读者的喜欢，并为《易读》增加了沉甸甸的分量。栏目自设置起，我就一责到底，包括嘉宾的联系、跟进，访谈话题的拟定，稿件的处理等，为此倾注了大量心血。

编辑《易读问》，首先是嘉宾的选择。每年第1期的嘉宾都来自图书馆行业，这是《易读问》一以贯之的编辑思路；其他嘉宾，则由编辑个人根据自己拥有的社会资源或社会关系，视嘉宾情况或意愿，经编辑部讨论确定即可，但有一个基本要求，那就是嘉宾必须有一定的社会影响，且爱读书。浸润《易读》编辑与推广事务多年，善待每一位读者，特别是加入全国民间读书年会活动以后，与社会民刊和图书馆界阅读内刊内报建立了密切联系，并结识了一大批热爱阅读的社会各界人士。也正是如此，我逐步积累了一些读者、作者资源，《易读问》的不少嘉宾就是在其中产生的，如杨苡、肖复兴、陈子善、韦力、吴昕孺、董宁文等。当然，不是每一次邀请嘉宾都能如愿，有一次，当我得知《开卷》执行主编董宁文老师与锺叔河先生相交甚深，我就想通过董老师请锺老接受《易读》访谈，董老师答应牵线，先让我草拟了一份邀请函和访谈提纲，邮寄给锺老。锺老说他已封笔，不再接受外界任何形式的采访，并给我回了一封致歉信，随信还寄来他编撰的《念楼学短》一套。若能请到锺老，当然是《易读》的大幸，锺老的婉拒虽让我有些遗憾，但我更多的是理解。

其次是访谈提纲的拟定。如何撰写访谈问题，这直接影响到嘉宾回答的兴致。为方便编写访谈问题，编辑部讨论确定了一个由十二至十三道题构成的基本问题库，主要是关于读书经历、读书方法和读书感受等方面的话题，作为每个嘉宾的共性问题，并确定访谈提纲的基本构成：五至六个共性问题，二至三个专门问题。共性问题虽然有问题库可供选择，但并不是每个共性问题都适合所有嘉宾，还须根据嘉宾的实际情况加以选择。专门性问题是访谈提纲的难点所在，我要对嘉宾的专业背景、个人经历、主要成就等作一番了解，然后再拟定几个尽可能代表嘉宾经历和成就的问题。大多数时候，我们问什么，嘉宾就回答什么，但也有些嘉宾会避开一些问题，自拟或修改问题后再作答，这也是正常的，而且考虑到我拟定的问题可能存有局限性，我也会在访谈提纲上申明嘉宾可以自设问题。

再次是稿件的处理。《易读问》栏目基本是固定版面，因此对稿件的篇幅有所限制，虽然访谈提纲上写明了字数要求，但有些嘉宾还是会超过字数，这个时候我就要做些删减处理，这是其一。还有一种情况，就是给嘉宾的稿件拟一个标题，因为是访谈，嘉宾提交稿件的时候，一般都没有标题，但作为一篇专栏文章，必须有一个很好的题目，于是我就通读全文，在文中选一句最切合主题，或最有感染力的话作为题目。当然，这两种处理结果，都要跟嘉宾进行沟通，以取得嘉宾的同意和认可。

《易读》走过十年，正走向下一个十年。我与《易读》为伍十年，但再欲同行十年已是不能。唯有珍惜当下与《易读》在一起的日子，用心编辑《易读》，坚守《易读》品质，续写《易读》精彩。

《易读》十年展

《易读》怎样编辑我？

张宽路

“日出而作，日入而息。凿井而饮，耕田而食。帝力于我何有哉！”《击壤歌》让人无比羡慕农耕，而“锄禾日当午，汗滴禾下土”就满是辛酸了。性格会选择工作，选对了就是享受，选错了就是煎熬。反过来，工作也会改造人的性格。农耕农活让中原人以节俭度日，储粮备荒为美德，而游牧民却不这样，他们杀牛宰马时一定会请亲戚朋友共享盛宴，尽快吃光，以免变质。因此，我在编辑《易读》，其实《易读》也在编辑我。

首先，《易读》编辑了我头脑中的知识谱系。我是中文专业毕业，文学类图书还算清楚，医学、生物学、物理学等类别的经典著作很少接触。2013年第3期《易读》的编辑讨论会上，我有幸聆听杨河源老师的阅读心得，眼界全开。以外国文学名著为例，以前我只注意作者，从未注意译者。林纾、严复、钱锺书、杨绛、傅雷、杨宪益、董鼎山、董乐山、萧乾……这些翻译家的代表译作，杨老师都如数家珍。傅斯年、杨联陞、全汉昇、龚鹏程、黄仁宇、唐德刚、王鼎钧、夏志清等港台欧美学人的知识谱系，杨老师讲起来也像图书分类法一样枝叶分明，条理清晰。从此《易读》的编辑工作对我的阅读方向产生了深远影响，涉猎的学科范围大大扩展了。这种扩展又反过来促进了我的编辑工作，《易读》2018年第1期费曼的《科学的不确定性》一文就是这样被我搜到的。

其次，《易读》的编辑工作大大提高了我的选书能力。这主要是编辑《阅读前沿》栏目带来的收获。这个栏目是推荐新书的，信息主要从《中国出版传媒商报》《中华读书报》等处搜集。怎样在没见过书的情况下判断这书的品位呢？当然只能间接判断了。如果这不是该作者的第一本书，那就好了，查阅他以前的著作来推测。比如，看过了梁鸿2010年的《中国在梁庄》，我们就很放心地推荐她2013年的《出梁庄记》。有的学者既写严谨的学术著作，又写通俗著作，他的新书是否适合向普罗大众推荐？就要通过当当网、京东网、《图书馆报》等处的选摘内容试读一下，以作判断。如果这本书是该学者的第一部著作又怎么判断呢？查出版社，查出版品牌，比如同属“新书说”或“海外中国研究学术汉译”等系列的图书，查阅一下该系列的其他图书，也可以做个参考判断。在这种查阅中，我记住了不少学术名家，记住了不少出版品牌，选书能力不断提高。

《易读》还给我上了一门严肃的学术课，关乎中国出版史。这是《出版回望》栏目带给我的收获。这之前我见过的最古老的书是老家的一套宣统年间的《战国策》，而《出版回望》把我对出版的了解一下子拉到了唐宋年间，后蜀石经、开藏、蜀刻、徽刻、建阳书坊、扫叶山房、粤雅堂、点石斋……一个个响当当的名字让我对中国古代印刷业有了全新认识，从只听过雕版印刷到了解雕版套彩、饾版彩印等知识；对古书印刷用的竹纸、松墨也有了全新认知。这一切深深改变了我写文章的习惯，我更加敬惜字句了。

除了知识谱系外，《易读》还在编辑我的工作习惯。最好的习惯是静一静，看一看，改一改。这是《易读》校对工作带来的习惯。以前做完工作，非常高兴，马上跑去交作业。编辑《易读》时，每次做完了都先放一放，等高兴劲过了再仔细看一看，再找找错别字，每次校对都有收获。最遗憾的是到现在还没做出过完美无错的版本，尤其是2019年第1期，封面上竟然有个错字，《家训：从父祖期许到社会规约》，“社”会规约错成了“祖”会规约。这件事一直警醒我，做完工作不要急着庆祝，延迟片刻，静心审读，必有可改。

《易读》还扩展了我的人际交往，让我有机会跟一些只听过名字的人联系。比如作者方面，现已102岁，翻译了《呼啸山庄》的老翻译家杨苡先生阅读到《易读》后十分欣喜，两次执笔为《易读》写稿：一篇是《我哥、我、和小花》，回忆与哥哥翻译家杨宪益的童年趣事；一篇是《名著是一生享用不尽的财富》。正是在这联系中，听闻到不少杨苡先生和她哥哥杨宪益，世交邵燕祥等学人的治学趣事，常常莞尔，若非《易读》，岂有机缘？《易读问》栏目更是每期联系一位知名学者回顾治学，反思阅读，这类联系更是让我增长智慧，受益匪浅。

读者方面，主持过《三国志》《后汉书》译注工作的湖南长沙老出版人章惠康专程手写信件赞扬《易读》的编辑印刷。北京汇文中学退休老校长，编辑出版过《中学语文课本鲁迅作品详解》等图书的靳邦杰老先生也曾手书贺卡，祝福《易读》。西南大学党委宣传部副部长郑劲松来东莞图书馆开讲座，在读到《易读》后留下地址，要求多多联系。这些《易读》带来的缘分激励着我努力学习，审慎工作，不断提高，精益求精。

《易读》还加深了我对东莞的了解。东莞地方文献是《易读》补白中的重点内容，《近现代东莞学人群体研究》《雕塑东莞》《味道东莞：用舌尖认识这座城市》《伦明全集》《厚街村情》《耕读》等书刊都先后在补白中做过推荐。因为这些文献，我周末在东莞“访古”有了全新的导航，莞城的红墙城楼，厚街的鳌台书院，麻涌的香蕉，大朗的荔枝，循着这些导航找到后再次瞻仰，感受迥异，一改熟视无睹，常觉茅塞顿开。

陆游有诗“纸上得来终觉浅，绝知此事要躬行”，俗话也说“眼过千遍，不如手过一遍”，做编辑时的寻觅查阅的确深过普通阅读，比对版本，校正字句，查阅文章背景，校核语意逻辑，这些工作真的很长学识。能被《易读》这样有品的出版物编辑，既是人生一大幸事，更是人生一大乐事！

《易读》编辑初长成

陈伟华

成为《易读》编辑一员，是偶然，但也有其必然性——热爱阅读使然。

我与《易读》的缘分大概始于业务部治下的编辑与出版岗，彼时兼顾了《易读》《悦读时代》和《东莞图书馆工作》简报的编辑，《易读》在当时于我而言参与度不算多，只是依着“前任”编辑李岚屏留下的“小贴士”开始一些简单的编辑工作，选书选稿组稿仍以李正祥主任为主，及至后来由同事张宽路接手，《易读》与我也因了解不深而“分手”了。

在往后一段很长的时间里，没有《易读》的鞭策求进步，但我阅读的脚步没有停止，读书看报仍然是下班家里最常见的姿势，加之担任《东莞图书馆工作》简报的编辑，文字功力在日复一日的工作中不断得到提高。这似乎在积蓄着某种力量，把自己推往更高的地方。

2020年3月，张宽路援疆行的确定，《易读》编辑的任务又落在了我身上，缘分让我与《易读》重逢。

与先前兼顾各种刊物不同，这次纯粹只是《易读》的编辑。这就对编辑本身提出了更高的要求。有了前面的经验，我在《易读》的编辑出版上可算是一名“熟人”。也有宽路这么多年来的选书选稿经验的传递，我对编好《易读》充满信心。

《易读》的大致框架分为封面、封二、卷首语、各栏目（《本期关注》《易读问》《阅读前沿》《人间书话》《阅读阅读》《原汁原作》《e读》《出版回望》《易读社区》《书香社会》）、封三、封底以及书签。《易读》全年四期，每期关注当下文化热点，第1到第4期大致按中国传统文化、健康生活、教育文化、图书馆与阅读等大类确定主题，如，2020年第1期“家书”、第2期“在家”、第3期“后浪”、第4期“图书馆故事”。这部分主要由编辑部讨论选定，由编辑唐燕老师拟写约稿提纲，组织原创文章。封面设计由美编简音老师负责。卷首语由冯玲副馆长操刀，深入解读本期关注的话题。《易读问》由李正祥主任拟定问题，邀请专家、学者谈读书、治学的“一些事一些情”。《e读》是一个关于《数字阅读》的栏目，以数字资源和实用技能介绍为主，由麦志杰负责。《书香社会》主要介绍东莞以及全国的优秀阅读推广案例。《易读社区》是读者来稿的集中营，书评、读书故事、买书故事等。

《易读》内容由原创和选摘文章组成。上述介绍的栏目大都属于原创约稿部分，反映的是编辑部的写作水平和人脉资源。那么，编辑水平如何体现？选文选稿是一个方面。于我来说是场硬仗，需要重点攻关。凭着宽路的经验相授，和自己的理解消化摸索，选文选稿有了明确方向。首先是《阅读前沿》备选书单的确定，主要从各大出版公众号发布的月度书单中选取近三个月的好书（从作家、出版社、作品简介、内容试读等方面判断），需要平衡国内国外作品以及人文社科、自然科学、科普类等作品，尤其是各大榜单重合的新书要特别关注。定好备选书单由编辑部讨论重点推介哪五本新书，其余则可以作为新书扫描的备选。接着，《人间书话》《阅读阅读》《原汁原作》是选摘类的栏目，文章可读性要强，标题吸睛，能够迅速抓住读者眼球。这要求编辑有甄别、发现美文的眼光。选文也有一套规则，国内作家搭配一名国外作家的文章，同时国内作家按文风、时期不同排序，如民国时期的作家，鲁迅、林语堂、胡适等；1949年后出生的老一辈作家，麦家、阿城等；70后、80后作家，毛尖、徐则臣等，且每期栏目的作者尽量做到不重复。那么，熟悉不同文风、不同时期的作家很重要也很关键，可以提高编辑的效率。所以，收集不同时期的作家也就成了我日常工作的一部分，先选作者再选文章，名家学者、获奖作者选文少走弯路，其他作家则需要沙中淘金，挖掘再发现。另外，常到书库转、找刚出版的新书、关注《中华读书报》等出版传媒的公众号也是收集作者的一个途径。关于选文，篇幅的长短也是我们需要考虑的一个因素，版面所限，字数一般控制在3—4个版面，2000—2800字为宜。最后，《出版回望》这个栏目回顾中国的出版史，文章主要来源于期刊论文网，确保学术严谨、考究准确，通过关键词搜索可以得到相关的文献，如2021年我们回顾广东刻书情况，通常一篇总述性文章，如《广东刻书纪事》，搭配一篇分述性文章，如《宋元时期广东刻书》。

选摘、约稿、投稿等收集齐全，就进入了文稿的编辑工作。选摘的文章基本是从书库里面“淘回来”，转成电子文档的首要动作是对书页进行扫描，扫描的好坏直接影响接下来文字识别的正确与否。这是关键步骤，扫描方正可减少误扫错扫率。关于扫描录入，我也是不断在寻求提高效率的最优解，经历了从打字录入到扫描仪文字识别再到QQ截图文字识别这样一个过程。打字录入费时，扫描仪扫描识别步骤繁琐、效率不高，而使用QQ软件则只需拍照即可提取文字，编辑速度明显提升。

除了选摘、原创部分之外，封二、封三、主题图书推荐、“新书扫描”以及“书香短讯”也是编辑的一个重点。封二、封三是《易读》的特色组成部分，封二由图片和一小段“金句”组成，图片可以是关于阅读的状态，可以是阅读的场所……近几年我们就地取材，用上了图书馆杯海报设计的获奖作品，设计感强，贴近主题；文字方面皆为名言“金句”，有讲述读书的经验方法，有关于对阅读的阐述，也有对图片的解读，等。封三则是以年为单位图文并茂对东莞图书馆的阅读推广系列活动进行展示，如2021年的“阅读设计在中国”展览展示，2020年的“城际穿梭享书香 阅读先行动全城”城市图书馆打卡游活动打卡点的介绍，等。讲到特色，不得不提的是馆藏文献的推荐。《易读》选文跟馆藏资源密切相关，大部分来源于馆藏图书，那么推荐馆藏也成了《易读》的一个功能属性。所以，《易读》的栏目如《阅读前沿》《人间书话》《阅读阅读》《原汁原作》，也包括主题图书推荐部分，均会附上图书的出版信息和东莞图书馆的索书号，方便读者借阅。

文字录入只是第一步，接下来还要根据版面要求增加或减少内容。《易读》排版定稿是118页，一方面前期跟原创作者沟通好字数要求，另一方面对选录部分进行增减，除了执行前面提到选文的字数准则外，对较长篇幅的部分，如《出版回望》等，文章大多取自期刊论文，字数往往较多，需要大刀阔斧地大面积删减。118页版面定下来后，如果版面空位较多，我们会适当增加一些补白。这也是《易读》的一个特色亮点。补白内容可以是文献推荐，特别是东莞地区出版的图书文献；可以是阅读方法介绍；也可以是新书精彩部分选摘，这个适合用于《阅读前沿》的补白。

排版定稿后的下一个环节也是最重要的环节，就是校对。校对是出版前一道重要的工序，主要任务是查漏补缺、清除语法修辞标点错误、纠正错别字等不规范用字等等。在校对程序上，编辑部执行三校终校制，本人负责一校。那么，一校是如何进行？首先，检查整体框架有无错漏，封面内容尤其期数是否正确，版权页版式内容是否准确，目录标题、页码与正文是否对应，封二、封三的图片与文字是否与原稿一致，这是大方向的检查；其次，是细节问题的纠正与检查，对照原文原稿，检查正文标题内容，选摘文章结尾的著录信息，书影图片及出版信息，文章中的图片有无错行，正文行距是否一致，等。其中，错别字是重点检查纠正对象，考验校对者的细致、专业程度。除人工对照原稿查看之外，我们还引入了软件智能校对，双保险纠查模式能够大大减低错误率。最后，对修改好的地方再对照检查，是否修改完毕。完成一校后，可以制作样书进行二校，完了再到三校。

在付印之前，我们还能有一次“悔棋”的机会，那就是到印刷厂看蓝纸的时候。这是最后的一次校对，有问题还来得及纠正。随着机器轰鸣声的启动，本期的出版任务就告一段落了。接下来是宣传推广工作，这里就不展开叙述。

《易读》十年了，而我作为“正式工”参编仅一年有余。时间虽短情谊绵长。初见它尚在襁褓，如今羽翼渐长了，乃编辑部同仁努力的成果。《易读》长大了，我们也成长了。幸运能与诸位编辑同场，讨论、荐书、选稿、定主题，学习的步履不停，奔跑着向前。奔跑，难免磕磕碰碰，一如《易读》编辑遗憾也会有，细节处理不好等等，没能给你披上一次完美的华衣。“最好的，永远是下一次。”期待你的华丽转身。

《e读》栏目十年小记

麦志杰

李正祥主任交代《易读》十年回顾写稿任务的时候，自己也在反思，《e读》栏目到底是一个什么角色。此时，听到汽车电台里放了一首名为《白月光与朱砂痣》的歌，突然就有个想法，《e读》栏目对于《易读》刊物，说不上白月光，称不得朱砂痣，却更像粤菜蒸鱼上的一撒葱，有人喜欢把葱拨开吃鱼，有人喜欢鱼肉蘸葱，也有人专门挑着葱吃，似可有可无，但大多数人在鱼出锅淋油前却又习惯性地撒上一把。

2010年，由李东来馆长主编的《数字阅读：你不可不知的资讯与技巧》一书由国家图书馆出版社正式出版，作为一个入馆不久的新人，我有幸参与其中，在与一班“码字”同事的交流与协作中，也对李馆所说“技术不是最重要的，但技术是最有效的”有了一定的认知。但得知自己有幸加入《易读》刊物编辑团队时，仍有几分惴惴，毕竟自己几斤几两还是拎得清的。最后是冯馆的鼓励与开解打消了自己的疑虑，一方面信息化服务和数字化阅读是东莞图书馆的业务特点之一，本馆推出的阅读刊物也应该有相应的内容；另一方面能与杨河源、唐燕等老师共事，对开拓自身阅读视野势必获益良多。于是，我便安心加入了团队，直到十年后的今天。

总的来说，《e读》栏目的演进大致可以分为三个阶段。第一阶段是聚焦行业思考与本地宣传。一直以来，图书馆界对“数字阅读”是有诸多讨论的，有人大力倡导，觉得数字阅读终究会成为主流；也有人对数字化渠道带来的“浅阅读”效应忧心忡忡……于是，《e读》栏目延续了《数字阅读：你不可不知的资讯与技巧》一书的思路，继续刊登了若干讨论文章，如《电子图书还是书吗？》等。此外，2011年前后也是东莞图书馆数字化阅读服务发展迅速、进行诸多探索的时段，东莞学习中心、手机图书馆、东莞少年儿童图书馆网站等平台先后推出，栏目也进行了相应的介绍，如《东莞学习中心：e读e学e生活》等。第二阶段是应用介绍阶段。为了增加栏目的可读性和趣味性，逐步增加了数字阅读设备、应用软件的介绍内容，如《搜索谁更懂你的心——三大搜索网站对比评测》《离了手机，微信照样好用》《手机阅读软件10大推荐》等。第三阶段是“资源+技能”介绍阶段。图书馆异于其他文化机构、服务机构的独特之处，归根到底还是文献信息资源，图书馆是架设在资源与读者之间的重要桥梁，而随着信息技术的进步，资源的建设路径不再只局限于自有，开放获取的兴起也深刻改变了资源的推介和使用方式。身处一本阅读推广性质的读物，《e读》栏目在继续进行一些数字应用方面介绍的同时，也将目光聚焦于各个图书馆自有、特色数字资源身上，例如介绍国家图书馆“数字图书馆推广工程”系列、苏州图书馆古籍数据库、《广州大典》数据库、首都图书馆古籍珍善本图像数据库、南京图书馆地方文献数字资源等，并进一步拓展到海外、行业外开放获取资源方面介绍，如敦煌学信息资源库 、海外华文研究数据库等。

当前，数字阅读领域仍在迅速发展，随着5G时代的到来，数据传输速度越来越快，以手机为代表的技术设备性能更为先进、价格更为亲民，数字阅读也突破了文字限制，直播、短视频、听书等视、听阅读形式逐步为民众接受，几分钟就能看完的“朋友圈”分享、微博分享阅读也成为一种普遍现象。2017年起，我参与了松山湖图书馆共建管理有关工作，在基层业务建设与服务的过程中，深切感受到了民众对图书馆、对阅读的热爱，也意识到图书馆在推广数字阅读方面还有很长的一段路要走，如何将现实馆舍空间中庞大的读者流量引导、换成一定规模的数字空间流量，需要业界共同探索和研究，也可以纳入未来《e读》栏目的部分关注方向。

对于阅读推广而言，数字阅读也好，纸质阅读也罢，总归只是渠道差异，其出发点和最终目标都是为了让大家更好的享受阅读生活、更有效的获取信息和知识。相信随着时间流转，大家对数字阅读接受度也会不断变化，《e读》栏目这把蒸鱼葱已经撒了十年，也希望接下来的十年能继续为大家带来新鲜而有趣的滋味。

琐忆《易读》首期编辑工作

李岚屏

今年是《易读》创办的第十个年头。作为《易读》初创时期的一名编辑，受邀撰写自己参与编辑出版的过程，既感骄傲也感珍惜。毕竟《易读》于我而言，就像是亲自“照料”出生的孩子般，看着它从孕育到出生、成长，以及期盼着它继续发展，越来越优秀。

回顾《易读》首期编辑过程，乃至到纸张的选择、书签的制作、补白的编辑……点点滴滴，都是整个编辑团队“用心”的成果。即使已过十年，但脑中仍然记得，因为里面有大家努力工作过的痕迹。

约稿

为了让《易读》精彩、吸引人，编辑组搜集了一系列优秀的文章，并经讨论，从中挑选了更为合适的部分文章。同时考虑到文章的“原创性”，我们竭尽所能，利用短短的一个月时间，开始约稿工作。韩继章老师对杂志编辑比较有经验，人脉也比较广，他先让我向程亚男老师发邮件约稿，同时自己又亲身前往湖南向曾主陶老师及姜彦稚老师约稿，其亲力亲为的工作热情确实感动了我。

由于我是首次尝试参与编辑出版工作，一切都很陌生，只能一步一步地稳步向前。我先利用了现有的资源，在检察书友会之前提供的稿件中，选取了陈凌老师对《瓦尔登湖》书写的一篇书评。其次再利用身边的资源，邀请了当时的同事杨累去评述当今热门话题“数字阅读”。此时，编辑组也在时间紧、任务急的状态下发现了本土原创文章不足的问题。在努力地想解决办法的同时，我通过微博平台，机缘巧合地“遇见”了子木老师，一个热衷研究东莞本土文化的作家，他答应给《易读》提供一篇随笔——《我的热爱能走多远》，丰富了首期的版面。

“约稿”是一个极其需要能力的任务，且稿件的质量对杂志的影响十分之大，对此，我初次编辑《易读》，就有了深刻的体会。

排版

我们力求使《易读》高雅、美观，在设计版面上经过很详细的探讨与比较，最终才使首本《易读》面世。编辑组在文字的编排、书影的放置、作者名字的排放、版面颜色的选取及制作纸张的要求等等各个细节环节上都力求完美。从每个细节的斟酌上，我都学会了不少的知识。

一本杂志的成形，必须经过数次的排版、校对。在第1期《易读》的编辑中，我参与了排版、校对的过程。多次来到设计室与排版人员一同进行排版——每篇文章的放置，每个段落的摆放，甚至是每个补白的安排等等，我们都需要核对，并且打印出来给每位编辑人员进行检查。即使有一点点小错误，我们都需要重新再来。《易读》首期的出版时间较紧张，冯玲副馆长、黄文镝主任和我都放弃参与馆组织的活动，投入到排版、校对的过程中；也有好几次，为了能够及时赶在“4·23”世界读书日和2011年东莞读书节启动仪式前出版，我们都加班加点，把文稿带回家中进行校对、修改。如此一次一次的重复，虽然辛苦，但成功后的喜悦告诉我们，这一切是值得的。因为我们没有把此事当成负担，我们把《易读》的出版当作是自己辛劳后的收成。

这里，我还得说一下《易读》纸张的选取，编辑组是费了不少的心事。单单是封面的选纸，我们就对比了好几种不同的纸张，也是因为这个缘故，我才在那时发现，原来纸张的种类竟然如此之多，诸如一个“星域飘雪”系列，还会区分为金砂、银砂、魔变蓝、魔变红等等，而且不同重量的纸张之间，区别也是有的。第1期的《易读》我们最终选择的封面纸张类型我不太记得了，但从第2期开始，我们就固定选取了“星域飘雪”里面的银砂（250g）。至于为什么我记得这么清楚，因为在我的抽屉里有一个铁罐子，里面仍旧存有当时我们挑选时的几个纸模。偶尔翻到这些小东西时，我会激动好一阵子的，看到它们的刹那，仿佛时间一下子溜回了十年前。十年前，还是如此青涩的我，还是如此努力地为《易读》的首发而奋斗着……

推广

《易读》首期在编辑组共同努力下如期出版了。我们给相关的图书馆单位寄发了，给一些爱好阅读的读者寄发了，给我市的高校图书馆寄发了，也给我市各镇街图书分馆寄发了。但如何更好地推广呢？这是我们所考虑的。

在此，我要说说我们的“业务员”陈本峰老师。陈老师为了更好地推广《易读》，通过不同渠道，联系了我市一些较有名气的餐饮业单位，商讨《易读》的宣传推广工作。当中使我印象较深的是，星巴克咖啡的经理十分欣赏我们的杂志，并答应给予适当的位置进行摆放。由于星巴克的人气十分旺，吸引了不少的青少年，我的一位初中同学，正是在星巴克品尝咖啡的时候，阅览了《易读》，并留意到我的名字，还与我取得联系，赞赏了《易读》的可读性。

《易读》的推广工作取得了不错的成绩，我们的读者意见反馈表收集到了许多的意见与建议，《易读》专用电子邮箱中也接收了好几位读者的来稿。一切的点点滴滴，都是喜爱《易读》的读者对我们的关注与支持。

对于曾经参与过编辑出版的《易读》，我最想说：十年之前，我看着你出版；十年之后，我盼着你优秀。

《易读》回眸

时间浸润着万物，却又波澜不惊。只有在回望之时，才会惊觉窗外的光阴已疾驰而过。每一个郑重以待的篇章都只是汇入海洋的小小水珠，就像我们微不足道的记忆。《易读》十年，回首平凡之路，点点滴滴，敝帚自珍。

十年，我们谈论过的话题

《易读》编辑部

回顾这些年我们关注过的话题，这些话题来自编前会上编辑们的各抒己见。在时代话语空间回响的各种声音中，大家努力收集并打捞值得关注的事物。而每一个选题的确定，我们都力图呈现一定的现实关怀，既要和鲜活的当下有关，又要避免和新闻热点靠得太近，这种若即若离的尺度，有助于沉淀思考。但凡人的视角总归是有限的，如今回看，有些话题带来惊喜，有些话题则留下了遗憾。而探讨这些话题，并不能提供终极答案，只是开启一个思考的契机。

每一个当下都将成为过往，此时此刻我们关注过什么，我们讨论过的事物，也都将成为往事的“立此存照”。

第1期：时代转型 阅读永恒

创办号。“易”即“生生”，生生不息则长久、永恒。阅读，于个人是一种永恒的生活；于图书馆是一项永恒的事业。《易读》就是以阅读之名，搭建与阅读界、书业界、读者之间交流的平台，追随阅读时代，记录阅读生活，享受阅读美好。

本期在2011年“4·23”世界读书日推出，主题为“时代转型，阅读永恒”，冠之以“聚焦”，刊发北京大学信息管理系博士生导师王余光教授的同名文章。其他栏目有《随笔》《读书与出版》《e读》《易览》《书斋》《书香社会》等。

第2期：阅读，通往幸福？

本期继续关注阅读，主题为“阅读，通往幸福？”。幸福的路径可能有千万条，阅读，通往幸福吗？也许并不会有个明确的结论。但幸福源于个体内心的感受，阅读作为最为普适的精神生活，大概最容易找到线索。

经过试刊，《易读》的栏目从这期开始有了调整。《本期关注》和《阅读前沿》通过专题策划和最新阅读资讯，达成“读在当下”的时间动感；《人间书话》和《原汁原作》通过书话和原作摘选，追求“读在永恒”的思想境界；《阅读阅读》是关于阅读方法门径的介绍；《易读社区》为读者提供作品开放交流的园地和互动沟通的平台，增强刊物与读者的联系。

第3期：发现童年

早在二十世纪七八十年代，波兹曼教授就提出了“童年消逝”的预警，希望引起社会对儿童的关注。如今的网络时代，作为个体的童年在丧失，作为社会符号的童年在离去，越来

越多的人在呼吁、在行动：保护童年、捍卫童年。阅读是精神的启蒙，是成长的陪伴，关注儿童，从阅读开始。

本期关注的主题是“发现童年”，试图轻轻掀开历史的一角，以“别样童年别样书”打捞不同年代的阅读记忆，关注儿童阅读状况，为孩子去寻找第一本着迷的书，推荐儿童阅读书目，指导儿童阅读。

第4期：“岁”，我们守得住吗？

本期推出的时候，正值2012年春节将至。作为中国最传统的文化元素，年一直在延续，但年也在变化，传统年味越来越淡，习俗被遗忘，期盼、祈愿、喜庆……这些感觉慢慢从现代人心里消退了，过年过节多成为时间上的形式。“岁，我们守得住吗？”这是本期发出的提问，也是深深的思考。

从本期开始，《易读》每年第1期的本期关注主题都与中国传统文化元素有关，一直延续至今。“年年岁岁一床书”，我们关注年，也关注阅读，在一元复始、万象更新的春节，清理“一床书”，集在“我的2011书单”中，成为每年第1期《易读社区》栏目的固定设置。而在装帧设计上，以温暖的淡红色为主色调，与传统的红红火火的年味相映成趣，也被坚持下来。

第5期：汉字之美

美是用来体验、享受并从中获取力量的。

生活在粗糙中的我们获得启迪则是需要多一些审美智慧，回归自我本来的感觉和真知，以平静、柔软、细致、敬畏进行美的积累，不断丰富自己的内心。

本期关注试图拾起“汉字之美”，除了将汉字作为阅读与表达的工具，希望有更多的人与汉字深情对视，感觉汉字的意美、音美和形美，体会汉字蕴含的文化密码和无穷意境，进而体验和享受阅读之美，从阅读中获取力量。

第6期：故乡，故乡

本期关注“故乡”。证严上人说：“故乡有两种意义：一种是躯壳自我的故乡，另一种是心灵自然本性的故乡。”是的，故乡不只是地理的定位，还是灵魂栖居的精神家园。拥有故乡，才会拥有心灵安宁净化的无限幸福。

如果我们借助阅读推广，借助图书馆细致入微的服务，呵护公众的图书馆情结，让人们想起图书馆时，便想到温暖、想到安宁、想到丰富、想到无限，那图书馆也定是一个精神故乡。

第7期：传承·交流·对话

2012年中国图书馆大会将于11月下旬在东莞召开，这是实行城市申办制后的第一个图书馆大会，其内容和规模都将达到一个新的高度。图书馆大会的召开，是一次行业之间、行业与社会之间的对话与交流，同时也是展现图书馆社会作用和价值的绝佳机会，本期关注的主题策划，即是围绕图书馆大会而展开，最后确定为“传承·交流·对话”。

《文明是一件百衲衣》《传承与交流——图书馆的社会演化》《感谢对话》三篇文章，从不同角度对“传承·交流·对话”这个主题进行了阐述，并突出了图书馆保存文化、传承文明的作用。

第8期：中国味

按照惯例，每年第1期的《本期关注》都会与中国传统文化元素相关，2013年亦无例外。本期关注“中国味”。味，在我们每个人的生命里自成一道风景，在中国，更上升到艺术和道的高度，它满足的不仅仅是生理之欲，它是思念、是温暖，是历史、是人情。想想那些溜走的生活、心底的故事、难忘的味道，或许会对团圆的意义另有感触。

书也是有味道的，从书里可以读出不同的味道，也可以将关于味道的记忆放到书里。希望书香气成为家庭味的一种，成为中国味的一种。

第9期：在路上

杂花生树、群莺乱飞的4月，正是春浓时节，风光明媚，万物昭苏。踏青赏花正当时，“在路上”刚好切近这个主题。本期关注的三篇文章从不同角度做了阐述：“在路上”是身体、心灵并驾齐驱的生活方式；“在路上”如何与神相遇；“在路上”思想比文字走得更远。在梦想稀缺的时代，行走在路上更多的是一种态度——追求自由的勇气、本真自然的回归和精神生活的享受。

“读万卷书，行万里路”作为人生的状态，古人的概括精练简洁，读或行，身或心，总有一样在路上。人生有无数选择，但值得做的事情，能让我们挣脱尘劳世网羁绊的，却只有那么寥寥几件，“在路上”是其一。

第10期：瘟疫与文明

2013年，非典十年。本期关注的主题确定为“瘟疫与文明”，是为铭记，也为警醒。在无数次惨烈的博斗中，人类之所以会战胜瘟疫，就在于对灾难最初的恐惧过后共同建立的理性，不仅是对公共卫生防疫体制的健全和完善，还有对原有生活方式和生活秩序的思考与改变。

病毒时刻都在，瘟疫固然可怖，却是了解文明的一面镜子，借由它，我们知道，哪些地方进步了，哪些地方做得还不够。因为，今天发生的过去也曾发生过，将来还要面临，日光底下并无新事。

第11期：西南联大

谈教育，谈历史，“西南联大”都是一个值得一说再说的现代奇迹。第11期关注“西南联大”，就是想“探寻一种久违的传统”，并对如何成为一流大学展开思考。三篇原创文章《关注西南联大：探寻一种久违的传统》《那

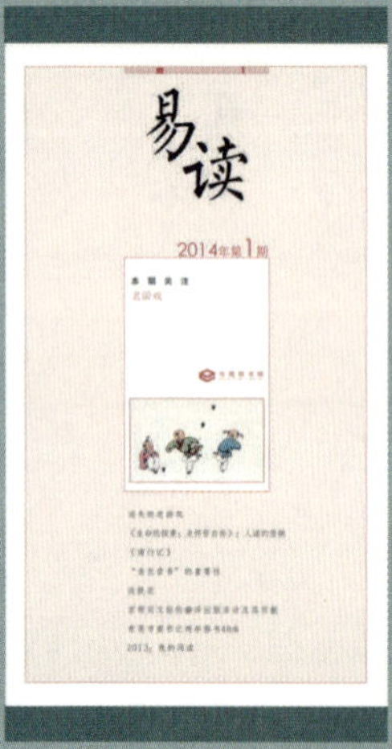

段岁月，已成绝响》《思想和文学维度中的西南联大》，从不同侧面再现了那段历史，有认识，有思考。

另外，左思的书评《不断划界中的城乡中国》、锺叔河的《列那狐》、叶兆言的《围城里的笑声》、张涛甫的《有一种阅读叫粉丝阅读》、张立宪的《关于写信的记忆碎片》等，都是值得一读的好文章。

第12期：老游戏

每年的《本期关注》开年策划，都颇费思量。今年头一期确定为“老游戏”，继续沿着近两年“岁，我们守得住吗”“中国味”的关注主题，品咂时光的重量，留下生活的沉淀，在心平气和中汲取面向现实和未来的定力。就像滚铁环、丢沙包、跳房子、抽陀螺、跳皮筋、骑木马一样……种种简单而有趣的游戏，无拘束，有玩伴，贴近自然而充满灵性，这些不应只是回忆，需要共同努力让更多的老游戏重焕青春，回归现代生活，继续滋养今天的儿童。

人的一切愉悦，都源于天性和热爱。读书也好，老游戏也好，要变得快乐，最好的办法是爱上它，一生一世。

第13期：慢生活

又到了春光明媚的4月，每个人内心都萌动着对春天、对大自然的向往，对美好生活的热爱。本期关注“慢生活”，就是要面对资源紧张、环境恶劣、房价高涨、竞争加剧的各种压力，舒缓紧张情绪，让步伐慢下来，让生活慢下来。快慢本有度，对慢的认识实际是对快的修正。如何保持发展过程中快和慢的平衡、物质和心灵的同步，如何让新的观念、新的生活方式在我们的内在生命中重新萌发，才是本期关注“慢生活”话题的立意所在。

慢下来、静下来、简单下来，在从容、健康、亲近自然中享受生活真正的乐趣，未必太难。将闲坐窗前读周易化为现实，一本书、一杯茶、一段属于自己的时光，就从这里开始。

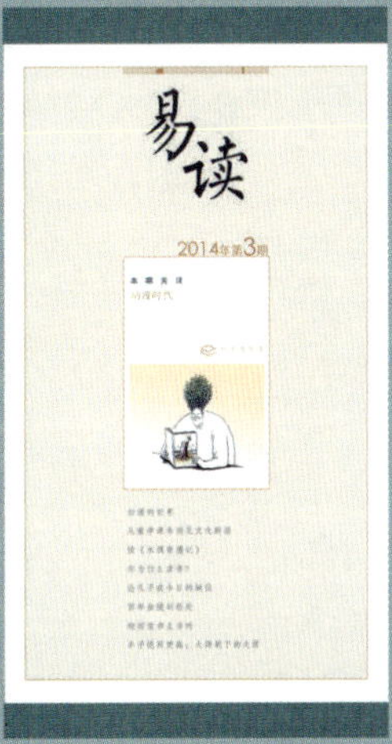

第14期：动漫时代

漫画从几百年前走来，在发展演变中，拓展出漫画、动画、游戏以及动漫衍生品等多种形式，丰富创新了艺术产品和门类；又在技术和商业的介入下，从创作开发、推广传播到消费利用，衍生成庞大的动漫产业链，创造出无远弗届、大众消费的动漫文化，改变着人们的生活方式、行为方式。

本期关注的主题“动漫时代”，是从阅读的角度去看动漫作品。轻松、戏谑本是漫画的底色，时代又将浪漫、梦想注入漫画，用画面来表达人生的感受和生活的本质，借读图来实现情感的传递与心灵的碰撞，阅读由此变得直捷，更贴近时代匆遽的节奏。

第15期：街道

街道不仅是设计师的事，更是街道上所有人共同参与的公共生活空间。街道承载着我们

的生活，有琐碎的日常生活空间，留存着记忆和情感。但在汽车成为城市主宰的今天，畅通压倒一切，“街道”和“道路”混淆不分，街的活力趋于湮灭，路的尺度无限扩张，近乎有路无街了。

本期关注的主题是“街道”。街道是一个神秘的存在，我们内心的爱好和渴求投射其中，正是这些触动人心的细节，让街道的生命鲜活而丰富。关注街道，是重新关注人，关注生活。

第16期：方言

一方水土养一方人，一方百姓孕育一方语言。方言是地域的标志，是多样文化的承载体；乡音牵扯着乡情，是情感认同的纽带。方言的生命力尤其独特，正是这份独特，传达出一方水土一方人的性情与趣味，展现了特殊地理气候条件下，一个区域文化特有的精妙和幽默，生发并滋养出乡土俚语、民歌民谣、地方戏曲、方言小说这些生动丰富的文化宝库，最终汇成的中华文化才博大丰富，摇曳生姿。

本期关注“方言”，除了沿续开年主题传承、回归的话题风格，更期冀引起更多人关注、反思在现代化、标准化、同质化洪流中，方言的价值、意义和生存生态。

第17期：在都市耕种

来于泥土复归泥土，是地球上一切生命的必然。在回归自然的过程中，亲近土地当然是第一步。所以，即使生活在钢筋水泥所谓“石屎森林”中，很多人依然葆有一个田园梦：阳台露台种菜、小区菜园种菜、郊区租地种菜……都市耕种，各种模式，慰情于无。

本期关注的主题为“在都市耕种”，目的是追求和谐，重建人与自然的亲密关系。“既耕亦已种，时还读我书”，陶渊明描写了一种人与自然、物质与精神和谐平衡的境界。“耕读传家”曾经是中国传统社会最受尊崇的生活方式，作为现代人，还能领略“耕读”的神髓吗？

第18期：图书馆想象

这是一个困难和希望并存的时代，所有的行业都面临着重塑和再造。即使被人描摹为“天堂的模样”的图书馆也在变化中，充满无限的想象和丰富的可能。那么，图书馆现在怎样？未来又会怎么样呢？作为一个图书馆主办的内刊，自然也应当关注图书馆自身的问题和现象，于是本期关注的主题就设定为“图书馆想象”。

几篇原创文章，《度尽劫波说“天堂”》是业内人士的专业思考，《未来的图书馆》是来自行业外的大胆设想，而《在图书馆，发现改变的自己》则是图书馆读者的切身感悟。虽无法呈现一个对图书馆的完整想象，但也从不同角度给了我们展开对图书馆的历史、现实及未来可能性的认识。

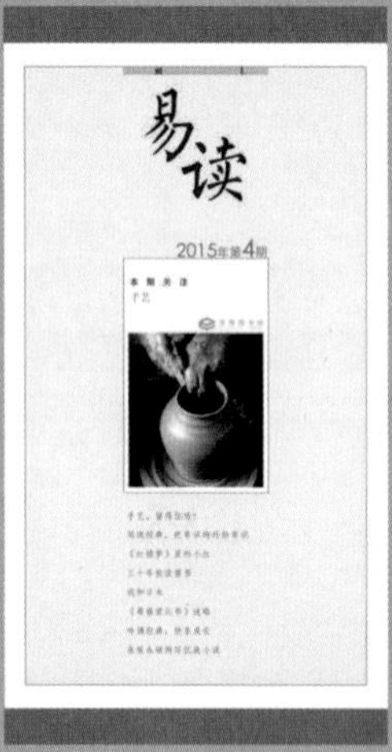

第19期：手艺

在机器换人轰轰烈烈的后工业时代和信息时代，原本式微的“手艺”以各种姿态重新为大众所关注，反映了人们对传统文化价值、现代生活方式、独特智造、审美品味的反思和探寻。

本期关注的主题是“手艺”。借由手艺这个视点和路径：在人类借助技术似乎无所不能之时，趋向人与自然和谐共生。在浮躁的当下保持安静和专注的匠人精神，让我们用更多的时间去打磨精致美好的日常生活，充分感受有温度、有情感的人造物和人造物所揭示的精神世界。

第20期：回家

“数将几终，岁将更始”，跨年的时候日子似乎流逝得格外快，心情也别异寻常。回家、回家、回家，便是春节主旋律。2016年第1期，本期关注的主题是“回家”。

《无力前行的还乡》一文以春节归乡之难切入，讲述“回家”的故事，传达了对无力还乡的另一层担忧：传统的家庭功能越来越弱化、社会化高歌猛进的今天，我们还有“家”吗？《时间深处的“家”》一文梳理了家的历史以及家庭功能的变迁，审视家在各个时代的正面价值和负面禁锢。我的童年从哪里开始？《我的家史，或寂静孤独与爱》一文在历史之流里打捞了属于自己家族和个体生命的片段。

第21期：跑吧

近年来，跑步运动渐成都市风潮，各地马拉松运动方兴未艾。跑，是都市人健康生活的召唤，还是宣泄压力的阀门，或是排遣孤独的渠道？是身体的运动，还是精神的修行？带着对这个问题的思考，本期关注特地将主题定为“跑吧”。几篇原创文章，或者把跑步作为一种文化来剖析，探究其身后的社会背景和文化心理，以及对于人的意义；或者从个体的生命体验出发，讲述长跑者自己的故事；或者探寻他者跑步的经历，从中寻找启示。

跑的姿态，奋然向前，充满活力。跑的脚步，会留下一个又一个扎实的印迹。阅读推广路上，图书馆人也正以矫健有力的步伐，刷新记录，续写辉煌。——这也是本刊的价值和追求的目标。

第22期：游学

本期推出的时候正值暑假，瞄准刚从学习中暂时放松的学生们，“游学夏令营”“名校参观”“国际游学”等批量化、快餐型的群体式游学项目铺天盖地，一些针对性求知体验型游历也悄然出现。如何看待和选择游学，当下家长和社会都十分关心。本期关注的主题是“游学”，从教育的现实角度，探讨为什么需要游学和需要什么样的游学。

“读万卷书，行万里路”可以说是对游学最好的概括和诠释，但读书不是死读，行路

不能自行。阅读和行走的价值在于开阔视野、开发思想，唤醒认识世界、认识生命的内在动力，永远抱有对未知的好奇心和探索力，从而认识自我，回归人本，不被各种功利化的眼前利益所裹胁。对游学的思考正在于此。

第23期：数字阅读

全国国民阅读调查结果显示，数字化阅读（包括网络在线、手机、电子阅读器、光盘、iPad等阅读方式）的接触率在2013年首次超过一半，为50.1%，2015年更是达到64.0%。数字阅读正成为一种新的阅读趋势。数字阅读的兴起为我们的公共生活、社会文化，以及私人阅读生活带来哪些深刻的变化？数字阅读带来的变化，将会酝酿另外的一个时段的文明登场吗？图书馆作为全民阅读基地，《易读》作为推广阅读刊物，关注“数字阅读”，有责任，也顺理成章。

数字阅读是技术文明送给人类的礼物。这个礼物，让我们有了更多选择。无论是对纸本阅读的情有独钟，还是对数字阅读的依赖追逐，阅读都在。阅读在，便有思想、有创造，有乐趣、有慰藉，有希望、有明天。

第24期：生育

2016年1月1日，全面开放二孩政策正式施行，独生子女政策宣告结束。这是我国人口与计划生育工作的一个重大转变，意义重大，影响深远。在全面开放二孩政策实施一周年之际，2017年1月，《易读》第1期关注“生育”，探讨历史上的各种生育现象，分析全球低生育意愿的由来、趋势，分析种种可能的后果，梳理生殖技术发展的过程和生育的走向，以及对社会伦理和文化带来的诸多冲击和难解的谜题。

从本期开始，《易读》新增《易读问》栏目，将访谈学人，聚焦个体，问道阅读的昨天、今天和明天。这是《易读》求新求变的一种尝试。新的一年，在变与不变中前行，在承接与开新中努力。

第25期：茶

在这个什么都不缺的物质年代，读书是丰富经历、获得知识、滋养心灵的生活方式。读书生活中有“茶”的加入，便蕴蓄出一种宁静、闲雅、诗意的气息。“流华净肌骨，疏瀹涤心原”讲的是茶，是书，也是茶、书为伴的生活。

本期关注“茶”，追溯茶栽种、饮用的悠久历史和中国茶文化的源起发展，论述茶从物质属性向文化属性的升华；讲述与茶的因缘际会，感悟人生的清寂和陈香；盘点重要的茶文献，预告了专业团队正在启动的茶文献集成编撰工程；介绍了东莞的藏茶文化和东莞图书馆对有茶有书、有滋有味“悦生活”的推广活动。

第26期：书店

《岛上书店》的作者加布瑞埃拉·泽文冷静而简明地点出了代表满足精神生活需求的书

店，之于城市、之于人的价值和意义：“书”承载的知识和思想，“阅读”建立的传承和连接，让书店不仅仅是一个卖场，更是文化生态的有机部分、生活方式变迁的象征。本期关注“书店”，思考的目的在此，观察的角度亦在此。

在信息技术突飞猛进、日新月异之际，每一个行业都受到前所未有的挑战，“生存还是毁灭”这一哈姆雷特之问，无可逃避，必须抉择。我们无法预测书店的命运，只是希望“书”和“阅读”在变化中，不要成为被动的陪衬，被命运拖着走，因为，书店，某种程度上，也是我们精神命运的一面镜子。

第27期：动物陪伴

社会越来越开放，互联网社交手段越来越丰富，越来越便捷，人们却愈加封闭，愈加孤独。虚拟空间的交流无疑已突破时空的限制，相形之下，现实逼仄空间里人们却“对面相见不相识”，倍增难堪。或者是寻求替代，与人际关系愈益疏离背道而驰的是，人以豢养宠物的方式，和动物建立了亲密关系。“宠物热”反映了怎样的生活状态、社会心理和情感需求，人与动物的关系经历了怎样的变化，有着怎样的故事？本期关注“动物陪伴”，即瞄准了这些话题。

本期《易读》有缘，因董宁文先生之介，幸得著名翻译家杨苡先生、画家赵蘅老师母女赐稿，因而弥足珍贵，特以“专稿”刊发，以志胜缘。

第28期：家世

《易读》新年第1期，特别关注“家世”。伴随“春节回家”的急切心情和匆遽脚步，重新认识家族文化在复兴中华文化传统中的正面价值，探讨在家族文化没落的今天，“家世”的现实意义何在？它能给转型中的中国，怎样的启示和助力？每个人都是血缘和世代传递漫长链条中的一环，跟家的关系密不可分，如何在文化传承和发展中，走向更好的未来，更加考验现代人的智慧。

“几百年旧家无非积善，第一等好事只是读书。”对书香门第的推崇与向往，是文化传统的隐形基因，绵延不绝。读书带来充实、平和、理性，打开了一扇扇通向世界、接通无限的窗口，成为在变动不居的时流中最为可靠的锚定力量。阅读这种生活方式，正越来越成为可能，并为更多的人所享受。

第29期：香

香道文化，作为一种独特的东方生活美学，和茶道、书法一样，在中国文化传统中曾经占据重要的地位。但进入现代以来，香道文化日渐式微，几近消亡。到了今天，随着国民生活水平的提升，香文化有复苏的迹象。那么，如何认识香道文化的独特魅力？历史渊源如何？对于现代人的精神生活的价值何在？

本期关注“香”，刊发四篇原创文章。《香，嗅觉中的修行》对香文化的历史进行溯源，挖掘香道的文化价值和审美价值，寻香文

化对现代人的意义；《古典文学的一缕香魂》对中国古典文学中的香文化进行了梳理，探究香文化和文人、文学之间的相互影响。《寮步，香雾缭绕的往事》和《今日莞香》为我们讲述莞香的历史和现状。

第30期：AI

在经历机械化、电气化、信息化时代之后，人类社会正向智能化时代迈进。人工智能(Artificial Intelligence)引领着新一轮科技革命，将不断推动社会、技术发展，而在给全社会带来革命性改变的同时，也让人类的未来充满不确定性。

本期关注——“人工智能”，是当下，也可能是相当长时期内，值得关注的有参与度和热度的话题。人工智能对人类的挑战已然开始，速度怎样，前景如何，不能逆断。一个巨大的疑问，渐次浮现：人类还有什么无法被人工智能所替代的？

人工智能的英文缩写为AI，爱，偏偏是人工智能缺乏的，是人类利用人工智能时应思考的。人类有情感、有智慧；机器算得快，模仿快。节省时间的事情，AI会做得更好，但浪费时间的美好事情，比如阅读，还有待人类！幸耶否耶？恐怕只有时间能回答了。

第31期：经典阅读

意大利作家卡尔维诺在《为什么要读经典》一书中写道“经典是那些你经常听人家说

‘我正在重读……’而不是‘我正在读……’的书。”“是一本每次重读都像初读那样带来发现的书。”经典是值得一读再读，也经得起一读再读的书，也一定是伴随生命体验、常读常新的书。

《易读》本期关注的主题为“经典阅读”。全民阅读的重要侧面，就在于搭建经典走向大众的桥梁。在经典阅读推广中，中图学会阅读推广委员会专设经典阅读推广专委会，各级各类图书馆积极行动，设立经典阅览室、经典空间、经典书架，推广手段和形式也纷纷出新，将经典阅读和讲座、展览、表演、诵读、品读会等诸多活动结合起来，经典阅读推广越来越生动，经典阅读的氛围越来越浓厚。

第32期：家训

《易读》2019年首个关注话题，仍然聚焦现代化进程与传统文化价值的紧张与融通，故选定为“家训”。家训，是大到一个家族，小到一个家庭，对子孙后辈立身处世、持家治业的教诲、训导与希望。一些“数百年旧家”的家训，更是溢出家族藩篱，成为全社会的精神财富。

传统家训经由口头训导而记载传阅，普遍以书面文本的形式传承家学家风，留下了中华传统教育中弥足珍贵的文献宝库和精神馈赠，局部意义上，不次于四书五经等高头讲章。传统家训中几乎无一例外，鼓励子弟读书是重要内容。“以古人之规矩，开自己之生面”。守正出新，读书养心，日新又新，勤勉于路，旧家子弟如此，我们也如此。

第33期：美图

智能手机的普及，技术门槛的降低，社交媒体的兴起，带来图片的繁荣，我们每天都淹没在海量的图片中。而各种修图软件的流行，让每个人都可以随心所欲地修饰和美化图片，展示完美的自己。《易读》对此现象展开思考，将“美图”设为本期关注的主题。

《本期关注》的三篇文章：《美图时代：丰富而贫乏》对海量图片充斥的时代，我们更丰富还是更贫乏，对于真实事物是呈现还是遮蔽等问题进行了思考；《现代人为何爱自拍》从自恋、精神分裂、偷窥、自我四个方面分析了美图时代为什么有很多爱自拍的人；《世界并不限于这里》告诉我们应该拍什么，怎么拍。

第34期：科幻

2019年春节上映的《流浪地球》以良好的口碑和票房，让“中国科幻元年”的概念浮出水面，受到广泛认可。这部科幻电影所代表的突破，带动本土科幻文学进入大众视野，并被赋予很重意义。

从第一部科幻小说——玛丽·雪莱的《科学怪人》问世以来，科学幻想从最初的小说形式发轫，慢慢拓展到图画、电影、电视剧等多个领域，逐渐发展成一种无法忽视的文化现象，可以说，与科学革命之后，科学在社会生产生活中，占据越来越重的地位正相关。为什么科幻小说和科幻电影会在今天成为爆款？科幻究竟是什么？科幻的意义何在？本期关注“科幻”，跟踪热度科幻话题，梳理经典科幻作品，探讨古代神话与现代科幻的关系，思考科技与文明的演进。

第35期：亲子阅读

本期关注的主题是“亲子阅读”。亲子阅读不是一个新话题，如今它却越来越被社会认可，被很多家庭推崇和实践。它是一个关注度和参与性较高的话题，关于理念普及、读物选择、方法指导等技术内容，关于政策支持、环境营造、社会共促等保障需求，关于儿童教育、家庭建设、精神成长、国家未来的延伸探讨……

习近平总书记在给国图老专家的回信中指出“图书馆是国家文化发展水平的重要标志，是滋养民族心灵、培育文化自信的重要场所。”作为图书馆人，我们要坚守“传承文明、服务社会”的初心，弘扬阅读的价值和意义，介绍阅读的资源和方法，让更多人能发自内心地喜欢阅读，建立阅读的内生动力，养成阅读的生活方式。亲子阅读，就是开始。

第36期：家书

每当岁月交替，盘点既往、计划将来之际，跟阅读相关的诸多组织、团体、媒介如出版社、书店、报刊、网站、新媒体等，纷纷推

出年度书单、年度榜单，几乎成为常规动作。《易读》也不例外，从创刊起就在每年第1期，以“我的年度书单”为题，面向读者征集上一年度的个体阅读记忆，在朴素、散落的阅读痕迹中，管窥时代阅读风貌，分享当下阅读信息。

《易读》本期关注“家书”，于传统佳节之际重温中国人家的亲情传达，感受历史深处的文化血脉。“欲寄彩笺兼尺素，山长水阔知何处？”在2020年这个新型冠状病毒肆虐的特别春节，在彼此以家为单位自我隔离窝家的时段，阅读更为意味深长。

第37期：在家

2020年的新冠肺炎疫情，重新定义我们这个时代。此“疫”，让每个国家、每个城市、每个组织、每个人都得直面新的考验和新的挑战。在家，是疫情肆虐下，高速运转的经济社会按下暂停键的无奈之举，也成为预演网络环境新的学习工作生活方式的可行之变。《本期关注》“在家”主题的三篇文章，尝试通过回望历史和现实，梳理离家和在家之间，经济、社会和文化划出的运动轨迹。

因为疫情，各行各业纷纷推进数字化转型，一个线上、网上、云上的世界被加速构建。图书馆线上服务的崛起，并不只是线下服务简单的平移，可能更是一个互联网思维的转向，会带来相应工作模式的突破，促进对用户需求、推广方式、内容组织、社会合作等的深入探索——相信这将为图书馆服务开辟新的生长空间。

第38期：后浪

经历了社会共鸣、媒体热报、行业研讨，“读者留言东莞图书馆”虽然由一“爆红”故事起，它带来的思考和影响应会渐渐结晶下来。对东莞图书馆人来说，触动、感想、反思，也会永生难忘。

在同样是刷屏的短片《后浪》中，用“科技繁荣、文化繁茂、城市繁华，文明的成果被层层打开可以尽情地享用！”表达了老一辈人对年轻人的羡慕和鼓励，描绘了一幅美好的图景。本期关注的主题是“后浪”。其实前浪后浪之间，并无严格分野，后浪前浪之间，必须有无数结实的链接。图书馆无疑是最重要的链接之一，就在这里，知识宝库，社会大学，平等开放，让所有有心于文明事业的后浪前浪们，有加油的驿站，有展示的平台。希望图书馆事业蒸蒸日上，让所有的吴桂春们，让后浪前浪们都能因为生活中有图书馆相伴感到幸福。

第39期：图书馆故事

“读者留言东莞图书馆”，借一张拙朴的真情告白，图书馆进入公众视野，成为焦点话题，获得前所未有的热度。这是一个感人的故事，就发生在图书馆。为此，本期关注“图书馆故事”，重温图书馆精神，慎终追远，思考和探讨图书馆在今天这个时代应当创造和呈现

怎样的公共价值。

讲好行业故事、地方故事，使其成为宣扬价值、传递形象、实现认同、唤醒共情的重要方式。在图书馆行业，国际图联在其“2016—2021 战略规划”框架下，发起“讲好图书馆故事”，鼓励各国图书馆以讲故事的方式来展现自身的价值和影响力。通过故事表述，链接读者、行业乃至整个时代。图书馆有很多故事，需要挖掘，需要更多的渠道、更好的方式，向社会传递我们服务的价值和续存文明、温暖社会的贡献。

第40期：家谱

本期继续关注“家”系列，从“家世”（2018）、“家训”（2019）、“家书”（2020）到“家谱”（2021），回望祖辈启程的原点，梳理家族的精神谱系，展现“家”在传承中华文明中的价值和影响。

《本期关注》的三篇文章：《家谱：血缘、历史，以及文化权力》从考订血缘世系、社会治理工具等解读家国同构中家谱的功能，并表达对家谱修撰的现实思考；《家乘中的岭南史》通过分析、研究几家重要广东家谱，历数氏族南迁和隐含在家谱中的文化密码，缅怀岭南人的生命来处和亘古乡愁；《沈门，世德之家》讲述了家谱记载的人生故事，藏书家沈廷璲遗命捐书惠及更多学子，从中可发现从私藏到公用的藏书思想变化。

十年，我们推荐过的书

《易读》编辑部

《易读》关注阅读，聚焦阅读，并以荐书的方式推荐读物，引导阅读。尽管视野有限，我们仍然努力和爱书人同行，在巍峨书山中努力挖掘宝藏。

《阅读前沿》选取当季最新出版的人文、社科、自科类图书进行重点推介，一般为五种，并组织相关书评人、学者、读者等撰写评论文章。另外，还简要介绍一二十种新书，供读者快速浏览、扫描。累计推荐图书千余种。

《本期关注》关注贴近当下的文化热点，在组织原创文章、开展深度讨论的同时，每期推荐二十余种与主题相关的图书，延伸阅读。累计推荐图书九百多种。

《人间书话》《阅读阅读》《原汁原作》介绍书人、书事、书话、读书方法，推荐好文，并提供出处的详细信息，包括书名、作者、出版社、出版时间及东莞图书馆索书号。读者可以从这一篇文章出发，去读一本书，踏上一段阅读旅程。

篇幅所限，十年来《易读》推荐过的书，不一一列举。此处，主要辑录《阅读前沿》重点荐书，包括著者、译者、出版社、出版时间、东莞图书馆索书号等信息，旨在打捞阅读记忆，重温阅读精彩。

书名	作者（含译者）	出版社	出版时间	东莞图书馆索书号
2011年第2期				
百年孤独	（哥伦比亚）加西亚·马尔克斯著，范晔译	南海出版社	2011年6月	I775.45/11
中华民国开国前革命史	冯自由著	广西师范大学出版社	2011年3月	K252.06/25
寻路中国	（美）彼得·海斯勒著，李雪顺译	上海译文出版社	2011年1月	I712.65/376
南渡北归	岳南著	湖南文艺出版社	2011年1月	K825.4/183/1-3
篮球的秘密	赵瑜著	中国青年出版社	2011年4月	I253.4/240

2011年第3期				
太平轮一九四九	张典婉著	生活·读书·新知三联书店	2011年6月	I253.9/88/(#)
我与八十年代	马国川著	生活·读书·新知三联书店	2011年6月	I253/825
从“东欧”到“新欧洲”	金雁著	北京大学出版社	2011年4月	F151.04/1
2012年第1期				
一个村庄里的中国	熊培云著	新星出版社	2011年11月	C912.82-53/3
神史	孙世祥著	语文出版社	2011年8月	I247.53/1639/1-3
七日谈	刀尔登著	山西人民出版社	2011年8月	I247.57/13205
乔布斯传	（美）沃尔特·艾萨克森著，管延圻等译	中信出版社	2011年10月	K837.125.38/162
美，看不见的竞争力	蒋勋著	中信出版社	2011年10月	I267/4821
2012年第2期				
封面中国2	李辉著	长江文艺出版社	2012年1月	K260.6/10/2
知识人：台湾文化十六家	李怀宇著	漓江出版社	2012年1月	K820.858/18
战争与革命中的西南联大	（美）易社强著，饶佳荣译	九州出版社	2012年1月	G649.287.41/1
中国留守儿童日记	杨元松著	江苏文艺出版社	2011年12月	I267.5/248
下面，我该干些什么	阿乙著	浙江文艺出版社	2012年2月	I247.57/13250
2012年第3期				
现代文明的成坏	许倬云著	上海文化出版社	2012年6月	K109/359
落脚城市	（加）桑德斯著，陈信宏译	上海译文出版社	2012年2月	I711.65/21
迷人的谎言	崔卫平著	中国华侨出版社	2012年5月	J905.1/159
我的兄弟王小波	王小平著	江苏文艺出版社	2012年5月	K825.6=75/110
2012年第4期				
梁启超传	解玺璋著	上海文化出版社	2012年10月	K825.1=6/2/1-2
图书馆：不落幕的智慧盛宴	（美）默里著，胡炜译	南方日报出版社	2012年7月	G259.19/5
拾年	王军著	生活·读书·新知三联书店	2012年8月	TU984.21/10
生死疲劳	莫言著	作家出版社	2012年10月	I247.57/14182
民国衣冠：风雨中研院	岱峻著	北京联合出版公司	2012年9月	G322.758/3
夭折的记忆	吴亮著	商务印书馆	2012年8月	I267.1/4225
2013年第1期				
我们曾历经沧桑	邢小群著	浙江人民出版社	2012年11月	K820.7/127
科学革命的结构	（美）托马斯·库恩著，金吾伦、胡新和译	北京大学出版社	2012年11月	N02/23/（2）

城市的精神	（加）贝淡宁、（以）艾维纳著，吴万伟译	重庆出版社出版	2012年11月	K915/44
怅望山河	朱幼棣著	世界图书出版公司	2013年1月	I253/861
百岁忆往	周有光著，张建安编	生活·读书·新知三联书店	2012年10月	I251/656
2013年第2期				
公天下	吴稼祥著	广西师范大学出版社	2013年1月	D691.2/91
开放力	郭宇宽著	中国商业出版社	2013年3月	F279.23/669
出没风波里：江平和他的时代	陈夏红著	法律出版社	2013年1月	K825.19=76/14
幻影公众	（美）沃尔特·李普曼著，林牧茵译	复旦大学出版社	2013年1月	D771.221/17
让死活下去	陈希米著	湖南文艺出版社	2013年1月	I267/5218
2013年第3期				
出梁庄记	梁鸿著	花城出版社	2013年3月	I25/1926
古拉格：一部历史	（美）安妮·阿普尔鲍姆著，戴大洪译	新星出版社	2013年4月	D951.267/2
再会，老北京	（美）迈克尔·麦尔著，何雨珈译	上海译文出版社	2013年5月	I712.55/318
中国在历史的转折点	马国川著	中信出版社	2013年4月	F123.9-53/6
2013年第4期				
城乡中国	周其仁著	中信出版社	2013年8月	F299.2/79
反叛的科学家	（美）弗里曼·戴森著肖明波、杨光松译	浙江大学出版社	2013年7月	K816.1-49/14
不平等的代价	（美）约瑟夫 E.斯蒂格利茨著，张子源译	机械工业出版社	2013年8月	F171.2/67
王元化晚年谈话录	吴琦幸著	上海人民出版社	2013年8月	K825.6=76/285
2014年第1期				
生命的思索：史怀哲自传	（德）史怀哲著，赵燕飞译	长江文艺出版社	2013年9月	K835.16/89
中国经济史	钱穆讲授，叶龙记录整理	北京联合出版公司	2013年12月	F129/112
曼德拉：漫漫自由路	（美）丹尼·谢克特著，潘丽君等译	广东人民出版社	2013年12月	K834.787=6/2
南下北上求学记	春桃、陈桂棣著	国际文化出版公司	2013年11月	I25/1934
乱时候，穷时候	姜淑梅著	浙江人民出版社	2013年10月	I267.1/4820

2014年第2期				
重新发现市场	（美）约翰·麦克米兰著，余江译	中信出版社	2014年2月	F014.3/55/(2)
梁思成和他的时代	朱涛著	广西师范大学出版社	2014年1月	K826.16/27
墙上的集体记忆	吴志菲著	团结出版社	2014年1月	D648/133
荣荣的东村：中国实验艺术的瞬间	（美）巫鸿著，毛卫东译	上海人民出版社	2014年1月	J409.2/6
2014年第3期				
澄衷蒙学堂字课图说	刘树屏著	新星出版社	2014年1月	H163/121
回应桑德尔及其他	李泽厚著	生活·读书·新知三联书店	2014年4月	D0/268
技术赋权：中国的互联网、国家与社会	郑永年著，邱道隆译	东方出版社	2014年4月	D630.1/159
大地上的事情	苇岸著	广西师范大学出版社	2014年6月	I267/6310
2014年第4期				
昨日之前的世界	（美）戴蒙德著，廖月娟译	中信出版社	2014年8月	K02/74
论邪恶	（英）特里·伊格尔顿著，林雅华译	湖南人民出版社	2014年7月	I106.4/92
叶：百年动荡中的一个中国家庭	（美）周锡瑞著，史金金、孟繁之、朱琳菲译	山西人民出版社	2014年7月	K820.9/215
一战中的华工	徐国琦著	上海人民出版社	2014年7月	D634.31/8
众筹：传统融资模式颠覆与创新	盛佳、柯斌、杨倩主编	机械工业出版社	2014年6月	F830.49/57
2015年第1期				
从华夏到中国	刘仲敬著	广西师范大学出版社	2014年9月	K20/96
盗火者：中国教育革命静悄悄	邓康延、梁罗兴编著	新星出版社	2014年11月	G521/29
小于一	（美）约瑟夫·布罗茨基著，黄灿然译	浙江文艺出版社	2014年9月	I712.65/551
美国制造	（美）瓦拉科夫·斯米尔著，李凤海、刘寅龙译	机械工业出版社	2014年10月	F471. 264/20
2015年第2期				
零年：1945现代世界诞生的时刻	（荷）伊恩·布鲁玛著，倪韬译	广西师范大学出版社	2015年2月	K152/94

中国城市及其文明的演变	薛凤旋著	世界图书出版公司北京公司	2015年3月	K928.5/105/(2)
我爱偷窥：为何我们爱上自我暴露和窥视他人	（加）霍尔·涅兹维奇著，黄玉华译	世界图书出版公司北京公司	2015年1月	C912.6/135
小民经济学	梁小民著	北京联合出版公司	2015年1月	F0-49/357
碧山06：民艺复兴	左靖主编	中信出版社	2015年1月	G649.310.99/1/6
2015年第3期				
中国生育革命纪实（1978—1991）	陈剑著	社会科学文献出版社	2015年4月	C924.21/18
去你的，生活	（英）乔迪·格雷格著，屠珀译	新星出版社	2015年5月	K835.215.1/5
胡麻有天空	秀英奶奶绘著	浙江人民出版社	2015年5月	I267/6902
中国文学小史	赵景深著	华中科技大学出版社	2015年4月	I209/176
好奇者的经济学	（美）罗伯特·索洛、詹尼斯·默里编，叶心可译	漓江出版社	2015年5月	F0-49/364
2015年第4期				
1+12：通往常识的道路	刘苏里著	中国文史出版社	2015年8月	I253/1044
鸦片战争	（英）蓝诗玲著，刘悦斌译	新星出版社	2015年7月	K253.07/7
阎明复回忆录	阎明复著	人民出版社	2015年6月	K827=7/169
印度：熟悉而陌生的邻国	尘雪著	北京时代华文书局	2015年9月	K935.1/14
人性中善良天使	（美）斯蒂芬·平克著，安雯译	中信出版社	2015年7月	K103/157
2016年第1期				
新世界史 第一卷	孙隆基著	中信出版社	2015年11月	K10/58/1
历史学的境界	高华著	广西师范大学出版社	2015年11月	K0/54
食物：味道的历史	（美）保罗·弗里德曼编，董舒琪译	浙江大学出版社	2015年9月	TS971.2(1)/9
西南联大国文课	大一国文编撰委员会	译林出版社	2015年9月	Z126/151
增长的本质	（美）塞萨尔·伊达尔戈著，浮木译社译	中信出版社	2015年11月	F061.2/49
2016年第2期				
农夫哲学：关于大自然与生死的沉思	（美）吉恩·洛格斯登著，刘映希译	广西师范大学出版社	2016年3月	B712.59/65

二手时间	（俄）S.A.阿列克谢耶维奇著，吕宁思译	中信出版社	2016年2月	I511.455/8
永续农耕	左靖编	中信出版社	2016年1月	G649.310.99/1/8
耶鲁文学小历史	（英）约翰·萨瑟兰著，王君译	中信出版社	2016年1月	I109/67
谁坑了中国企业	刘洪著	四川人民出版社	2016年1月	F279.23/752
2016年第3期				
1968：撞击世界之年	（美）马克·科兰斯基著，洪兵译	民主与建设出版社	2016年4月	K15/64
制度与人情：中国古代政治文化	张程著	陕西人民出版社	2016年3月	D691.21/8
无悔：陈明忠回忆录	陈明忠口述，李娜整理编辑，吕正惠校订	生活·读书·新知三联书店	2016年4月	K827=76/196
我们香港这些年	徐天成著	中信出版社	2016年3月	D669/176
有效市场和有为政府	高尚全著	中国金融出版社	2016年2月	F123.9/73
2016年第4期				
东京审判亲历记	梅汝璈著，梅小璈、梅小侃整理	上海交通大学出版社	2016年7月	D995/17
掌故　第一集	严晓星主编	中华书局	2016年6月	267.1/5890/1
花与树的人文之旅	周文翰著	商务印书馆	2016年6月	Q94-05/2
孤独深处	郝景芳著	江苏文艺出版社	2016年8月	I247.55/636
经济增长的迷雾	（美）威廉·伊斯特利著，姜世明译	中信出版社	2016年7月	F112.1/30
2017年第1期				
艾希曼在耶路撒冷	（美）汉娜·阿伦特著，安尼译	译林出版社	2017年1月	K152/141
另一个世界：中国记忆1961－1962	（瑞典）林西莉著，李之义译	中华书局	2016年9月	K270.6/57
海错图笔记	张辰亮著	中信出版社	2016年12月	Q178.53-49/33
从陈桥到厓山	虞云国著	九州出版社	2016年9月	K244.09/80
北鸢	葛亮著	人民文学出版社	2016年10月	I247.57/20674
2017年第2期				
白话文运动的危机	李春阳著	生活·读书·新知三联书店	2017年1月	H109.4/31
风雨平生路	冯其庸口述，宋本蓉记录整理	商务印书馆	2017年1月	K825.6=76/381

火枪与账簿：早期经济全球化时代的中国与东亚世界	李伯重著	生活·读书·新知三联书店	2017年1月	F131.04/12
北京的城墙与城门	（瑞典）喜仁龙著，邓可译	北京联合出版公司	2017年1月	K928.71/93
未来简史	（以）尤瓦尔·赫拉利著，林俊宏译	中信出版社	2017年2月	G303-49/35
2017年第3期				
朱元璋传	陈梧桐著	河南文艺出版社	2017年3月	K827=48/174
手艺的思想	杭间著	山东画报出版社	2017年1月	J509.2/39/(*)
记忆的性别：农村妇女和中国集体化历史	（美）贺萧著，张赟译	人民出版社	2017年4月	D669.68/37
人情之美：文学台湾的黄金时代	丘彦明著	中信出版社	2017年5月	K825.6=7/45
给孩子讲量子力学	李淼著	民主与建设出版社	2017年1月	O413.1-49/7
2017年第4期				
不列颠博物学家：一部社会史	（英）大卫·埃利斯顿·艾伦著，程玺译	上海交通大学出版社	2017年6月	K816.15/6
逝者如斯：六十年知见学人侧记	赵珩著	中华书局	2017年8月	K825.4/231
生活的经济学解释：经济学的诗和远方	熊秉元著	东方出版社	2017年6月	F0-49/423
政府为什么会失败	（美）兰迪·西蒙斯著，张媛译	新华出版社	2017年1月	F062.6/61
一只儿狼在放哨：阿巴斯诗集	（伊朗）阿巴斯·基阿鲁斯达米著，黄灿然译	中信出版集团	2017年7月	I373.25/1
2018年第1期				
新世界史 第二卷	孙隆基著	中信出版社	2017年10月	K10/58/2
南宋盐榷	梁庚尧著	东方出版中心	2017年8月	F426.82/100
中国艺术如何影响世界：从莫奈到毕加索	陈传席著	中华书局	2017年8月	J212/287
超人类革命	（法）吕克·费希著，周行译	湖南科技出版社	2017年9月	B82/259
梁光正的光	梁鸿著	人民文学出版社	2017年10月	I247.57/22953
2018年第2期				
建水记	于坚著	中信出版社	2018年1月	I267.1/6462
泥淖之子	（墨）奥克塔维奥·帕斯著，陈东飚译	广西人民出版社	2018年2月	I106.2/73
岭南草木状	梁基永著	花城出版社	2018年3月	I267.1/6461

贸易打造的世界	（美）彭慕兰、史蒂文·托皮克著，黄中宪、吴莉苇译	上海人民出版社	2018年1月	F749/12
给孩子的历史地理	唐晓峰著	中信出版社	2018年1月	K928.6/69
2018年第3期				
物色：金瓶梅读“物”记	扬之水著	中华书局	2018年4月	I207.419/218
皮毛、财富和帝国	（美）埃里克·杰·多林著，冯璇译	社会科学文献出版社	2018年5月	F757.129/1
不只中国木建筑	赵广超著	中华书局	2018年4月	TU-092/118
唐诗的读法	西川著，黄中宪、吴莉苇译	北京出版社	2018年4月	I207.227.42/234
欲罢不能：刷屏时代如何摆脱行为上瘾	（美）亚当·奥尔特著，闾佳译	机械工业出版社	2018年3月	C913.3/185
2018年第4期				
家园：生态多样性的中国	刘娜等著	商务印书馆	2018年6月	Q16/19
游牧者的抉择：面对汉帝国的北亚游牧部族	王明琦著	上海人民出版社	2018年7月	K289/95
风雅宋：看得见的大宋文明	吴钩著	广西师范大学出版社	2018年6月	D691.9/74
汉字的世界	（日）白川静著，陈强译	四川人民出版社	2018年8月	H12/277/1
鱼翅与花椒	（英）扶霞·邓洛普著，何雨珈译	上海译文出版社	2018年7月	I561.55/95
2019年第1期				
朵云封事	（加）李在中著	北京出版社	2018年9月	K825.72=75/47
袍哥：1940年代川西乡村的暴力与秩序	王笛著	北京大学出版社	2018年11月	K825.72=75/47
时光之魅：欧洲四国的建筑和城镇保护	何晓昕、罗隽著	生活·读书·新知三联书店	2018年8月	TU-87/33
如果我们错了呢	（美）查克·克洛斯特曼著，裴剑清译	湖南科技出版社	2018年9月	B804/129
我的世界观	（美）阿尔伯特·爱因斯坦著，方在庆译	中信出版集团	2018年10月	Z471.2/13
2019年第2期				
被狩猎的人类：灵长类、捕食者和人类的演化	（美）唐娜·哈特、罗伯特·W.苏斯曼著，郑昊力、黄达强译	浙江大学出版社	2018年11月	C912.4/163
龚鹏程述学	龚鹏程著	商务印书馆	2019年2月	G12/169

漩涡里：1990—2013我的文化遗产保护史	冯骥才著	人民文学出版社	2018年11月	I267.1/6871
大加速：为什么我们的生活越来越快	（英）罗伯特·科尔维尔著，张佩译	北京联合出版公司	2019年1月	C91/288
好孩子的自然观察课	高峻著	商务印书馆	2019年2月	N49/1461
2019年第3期				
起源：万物大历史	（美）大卫·克里斯蒂安著，孙岳译	中信出版集团股份有限公司	2019年4月	K107/92
十问：霍金沉思录	(英)史蒂芬·霍金著，吴忠超译	湖南科学技术出版社	2019年3月	G303-49/8
五更盘道	漆永祥著	生活·读书·新知三联书店	2019年5月	I267/10149
与病对话：全科医生手记	胡冰霜著	北京联合出版有限责任公司	2019年4月	I267/9962
度外	黄国峻著	四川人民出版社	2018年12月	I247.7/6147
2019年第4期				
驯化：十个物种造就了今天的世界	（英）艾丽丝·罗伯茨著，李文涛译	读者出版社	2019年3月	Q11-49/26
珞珈筑记：一座近代国立大学新校园的诞生	刘文祥著	广西师范大学出版社	2019年6月	G649.286.31/6
近代中西医博弈：中医抗菌史	皮国立著	中华书局	2019年6月	R286-092/1
年方六千：文物的故事	郑岩著，郑琹语绘	中信出版社	2019年7月	K870.2/16
爱、金钱和孩子	（美）马赛厄斯·德普克、法布里奇奥·齐利博蒂著，吴娴、鲁敏儿译	格致出版社	2019年6月	G40-054/30
2020年第1期				
账本里的中国	许德友著	广东人民出版社	2019年8月	F129/126
人类的终极问题	袁越著	生活·读书·新知三联书店	2019年9月	Q98-49/115
气候赌场：全球变暖的风险、不确定性与经济学	（美）威廉·诺德豪斯著，梁小民译	东方出版中心	2019年9月	P467-051
瓦檐下的旧器物	黄孝纪著	广西人民出版社	2019年10月	I267/10525
给孩子读经典	锺叔河著	现代出版社	2019年8月	Z126-49/101
2020年第2期				
中国近三百年学术史	梁启超著，俞国林校订	中华书局	2020年1月	B249.05/29
食物探险者：跑遍全球的植物学家如何改变美国人的饮食	（美）丹尼尔·斯通著，张建国译	广西师范大学出版社	2020年1月	K837.126.15/15

守山	肖林，王蕾著	北京联合出版公司	2020年1月	I253.9/1 9
1918之疫：被流感改变的世界	（英）凯瑟琳·阿诺德著，田奥译	上海教育出版社	2020年3月	R373.1/4
碛口古镇	李秋香、陈志华、罗德胤著	北京出版社	2020年2月	TU-092.925.5/1
2020年第3期				
宋仁宗：共治时代	吴钩著	广西师范大学出版社	2020年4月	K827=441/74
剧变：人类社会与国家危机的转折点	（美）贾雷德·戴蒙德著，曾楚媛译	中信出版社	2020年4月	K02/100
空巢：我在这世上太孤独	弋舟著	上海文艺出版社	2020年5月	I253.7/786
我们为何结婚，又为何不忠	（美）海伦·费舍尔著，倪韬、王国平、叶扬译	中信出版集团	2020年3月	C913.1 3/426
我爱本草	半夏著	花城出版社	2020年3月	I267.1/7221
2020年第4期				
末日松茸：资本主义废墟上生活的可能	（美）罗安清著，张晓佳译	华东师范大学出版社	2020年7月	F416.82/8
疫苗竞赛：人类对抗疾病的代价	（美）梅雷迪丝·瓦德曼著，罗爽译	译林出版社	2020年8月	R979.9-091/2
文明的“双相”：灾害与历史的缠绕	夏明方著	广西师范大学出版社	2020年7月	K207/252
岂不怀归：三和青年调查	田丰，林凯玄著	海豚出版社	2020年8月	D422.64/10
考古学与史前文明：寻找失落的世界	（美）布赖恩·费根著，袁媛译	中信出版集团	2020年7月	K861.1/3
2021年第1期				
城市：重新发现市中心	（美）威廉·H.怀特著叶齐茂，倪晓晖译	上海译文出版社	2020年10月	TU984.11/127
图文中国史	樊树志著	中华书局	2020年10月	K209/1056
明代秀才的生活世界	陈宝良著	北京师范大学出版社	2020年10月	D691.71/65
故园	林贤治著	武汉大学出版社	2020年10月	I267/11387
自然的召唤：粪便的秘密	（英）理查德·琼斯著，郑浩译	广西师范大学出版社	2020年11月	X705-49/24

十年寄语

《易读》编辑部

《易读》十周年之际，诸多新老读者、学者专家纷纷寄语、留言，送来祝福。殷殷之心，拳拳可见。让我们一起重温，发自阅读社会的各路声音。

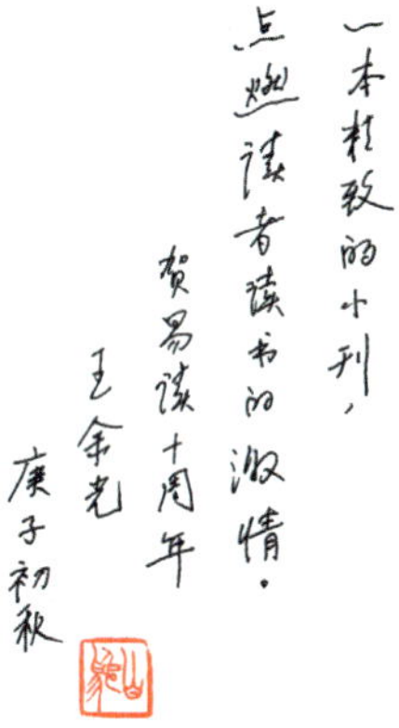

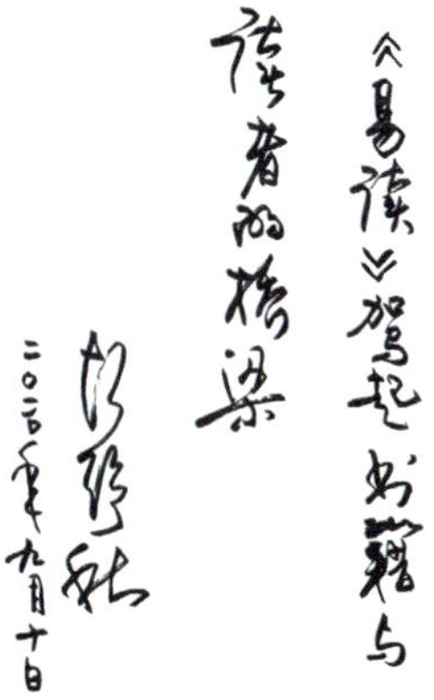

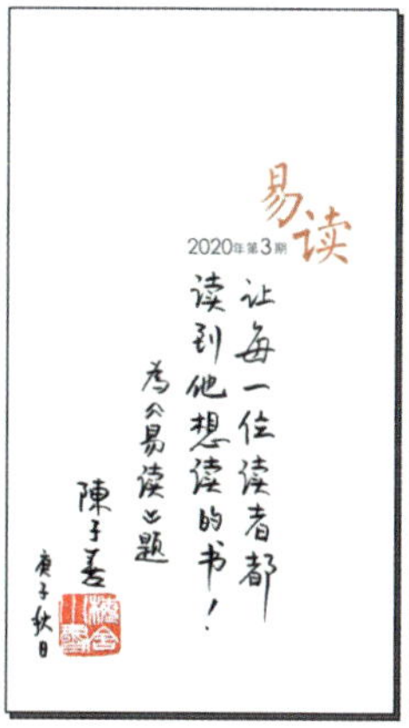

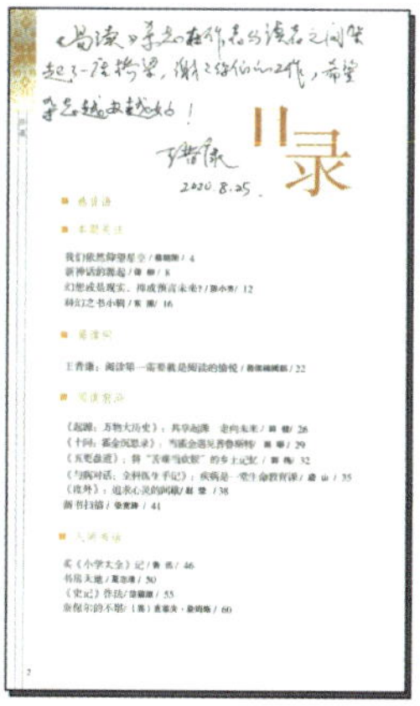

易读
2017年第3期

易读
2019年第4期
雅致易读
提升读写能力的抉择
贺《易读》创刊十年
2020年9月3日

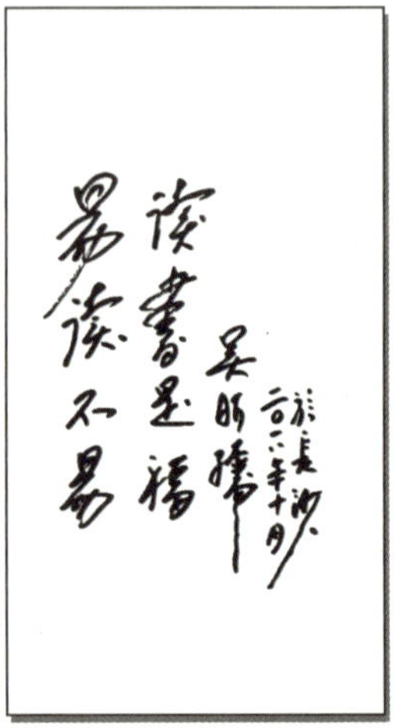

捧起"易读"，
我恰似又来到东莞；
翻开"易读"，
就站在了阅读与出版的平台！
易读 爱读。

冯传友
二〇二一年一月十四日
庚子年腊月初二于东莞

千元百米竞相夸，引得吴人道是娃。
我为嗜奇荒产业，君因勤学耗薪柴。
良朋隔世亡双璧，异地同心有几家。
真个京杭闻见广，艺林佳话遍天涯。

录黄丕烈诗以贺
《易读》创刊十周年。

韦力敬贺
辛丑春月

我們還是致力於民間讀書活動的文化志愿者的工作目的，就是讓想讀書的人會讀書、讓會讀書的人有書讀。
應彭卓翊仁兄囑書
龔明德
庚子冬於成都

易读
2020年第3期

易读
2020年第4期

阅读催开生命的诗意之花。

蔡家园
2021.4.16

易读
2020年第2期

易读求知
知易行难

东莞图书馆馆刊十周年志庆
南京大学 庚班

题《易读》

刘洪田

常言道：万事起头难，
读书入门却一点也不难。
拿起一本好书，
读下去就是了，
不管在哪里。
读了，有所得，
就更好。
易读易读
这本杂志真好！
2020年8月20日于临汾

问学有心
读书不易

辛法予

二〇二〇年十月十六日
于成都

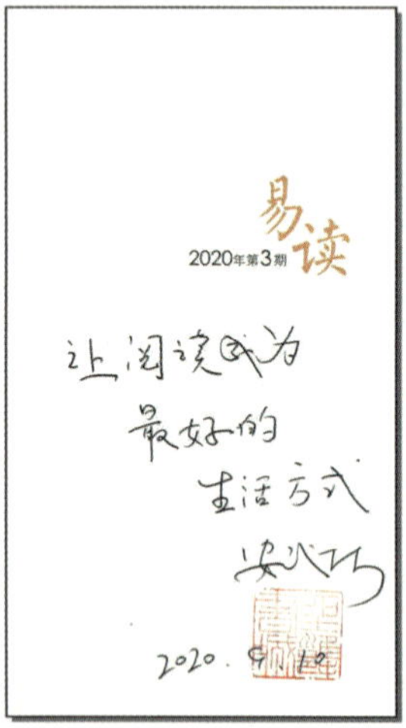

刊名《易读》，而编者不易，因为内中的文章都精致时尚易读易读之文。读易读多年了，很喜欢，还想读！

韩三洲 2020.10.15於蓉城

读书不易

珍惜书缘

沈文冲

庚子秋于武都

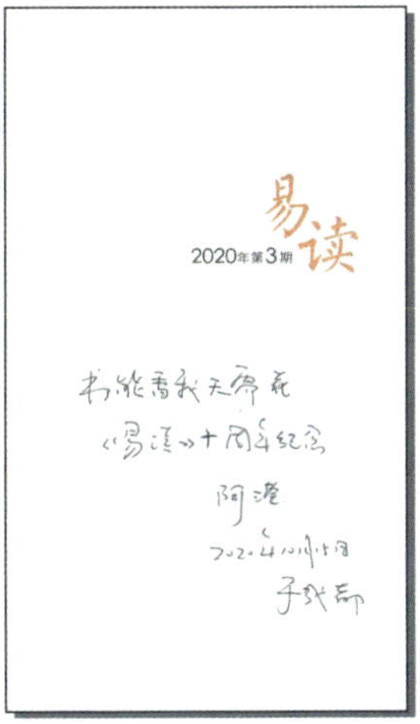

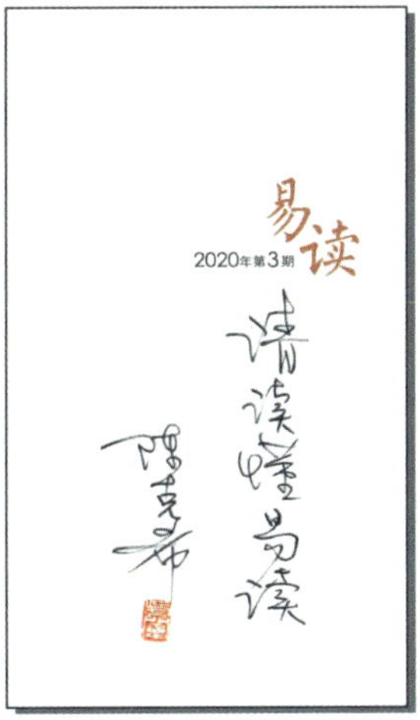

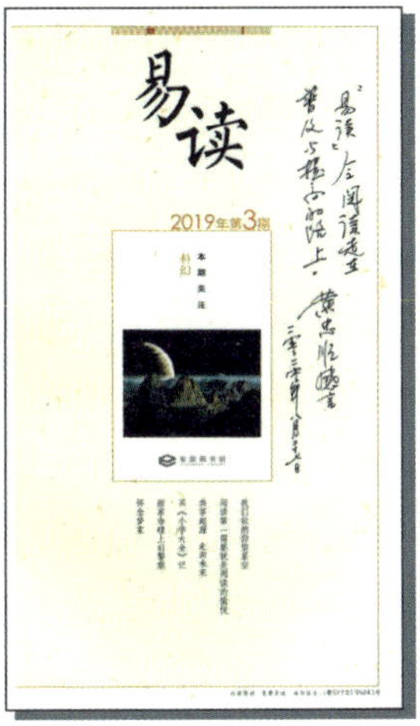

《易读》是一份优秀的刊物，深受全国读者的喜爱。作为《易读》的忠实读者和作者，每每阅读《易读》，就浮现几句古诗，抄录如下，对《易读》的诞辰表示祝贺。

易求合浦千斛珠，难觅锦江双鲤鱼。读尽牙签玉轴书，不知门外有园蔬。

李树德 2020.10.8.

让心灵变得丰富和深刻

贺易读创刊十周年

易卫东

二〇二〇.九.五

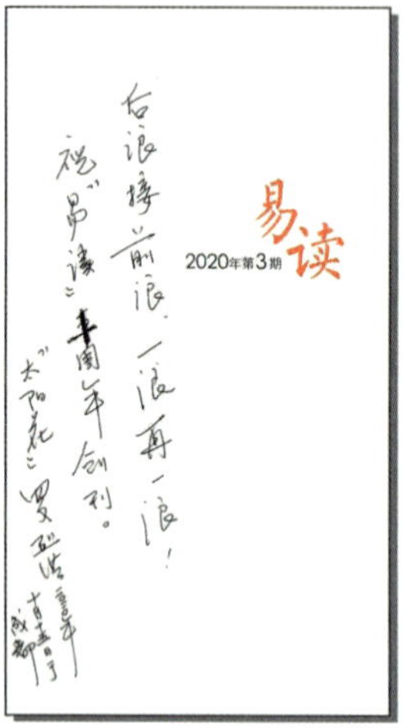

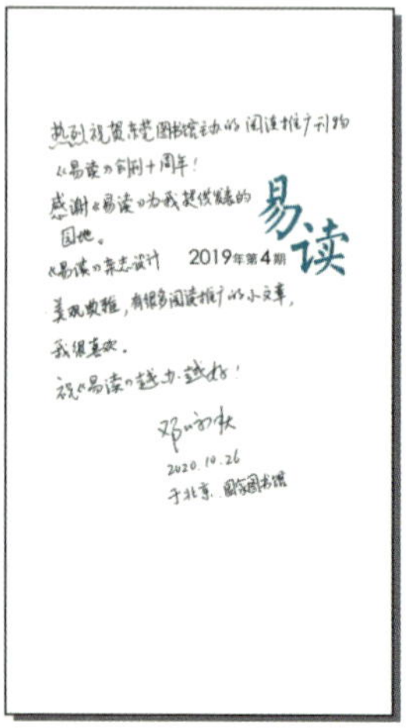

易文天下志
读书众生情
郑州思郁于二〇二〇年八月

易读美谈古今中外
阅读浸润读者笑
贺易读十周岁
孙永庆
辛丑春

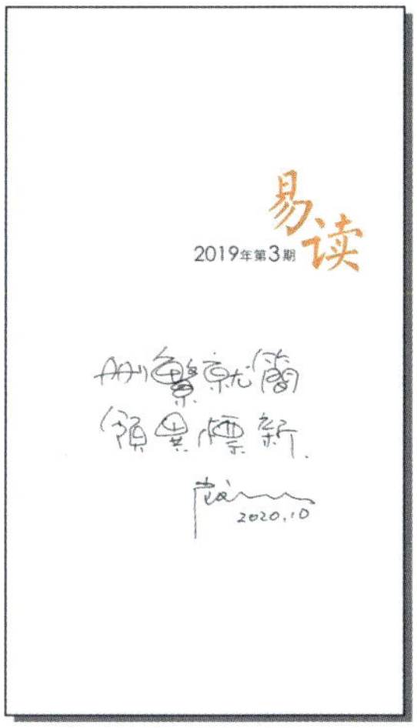

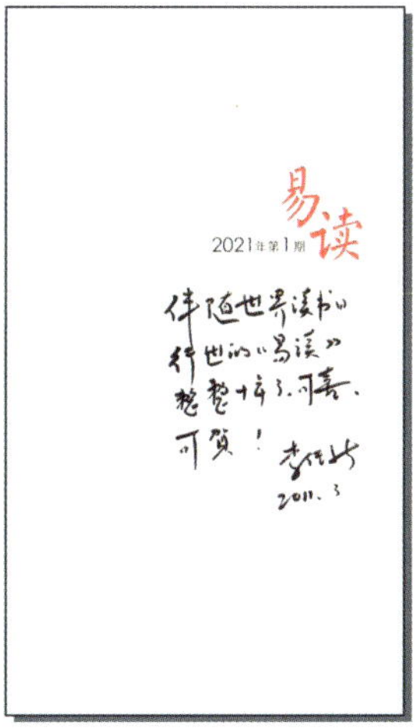

读书让人生更美好！
十年相识相伴
感谢易读为我们带来
无数快乐与喜悦时光。
期待《易读》越来越好！

秦[illegible]
2020.9.1

览卷只觉工夫深，
易读能消白日长。
贺十周年！
林阮
辛丑二月

易读
2020年第3期
贺《易读》创刊十周年
短亭不易
长亭可期
马国兴
庚子秋于郑

易读
2019年第2期
读書易读好！
徐玉福
2020年10月16日

易读
2020年第1期
《易读》如兰香，
香幽致远！
郭梅
庚子处暑
于西子湖畔

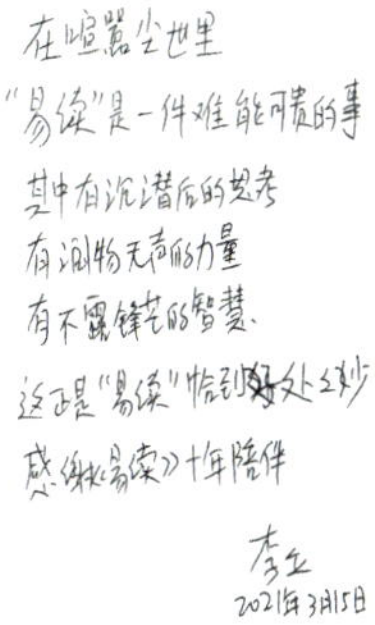
在喧嚣尘世里
"易读"是一件难能可贵的事
其中有沉潜后的思考
有润物无声的力量
有不露锋芒的智慧
这正是"易读"恰到好处之妙
感谢《易读》十年陪伴
2021年3月15日

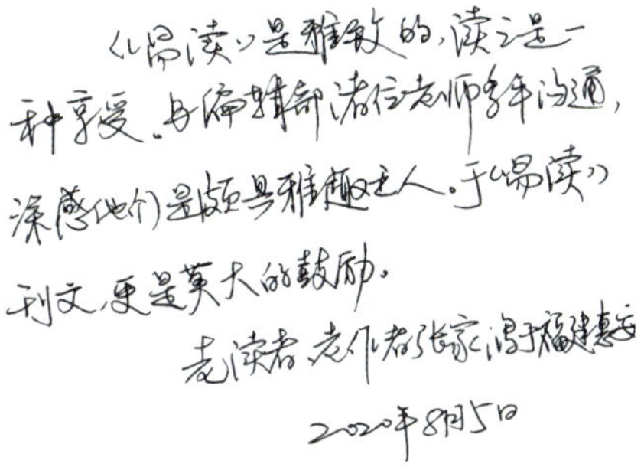
《易读》是雅致的，读之是一种享受。与编辑部诸位老师多年沟通，深感他们是颇具雅趣之人。于《易读》刊文，更是莫大的鼓励。
老读者、老作者张家鸿于福建惠安
2020年8月5日

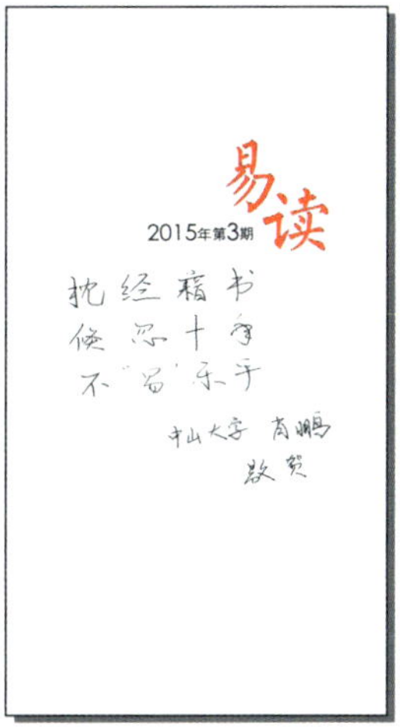

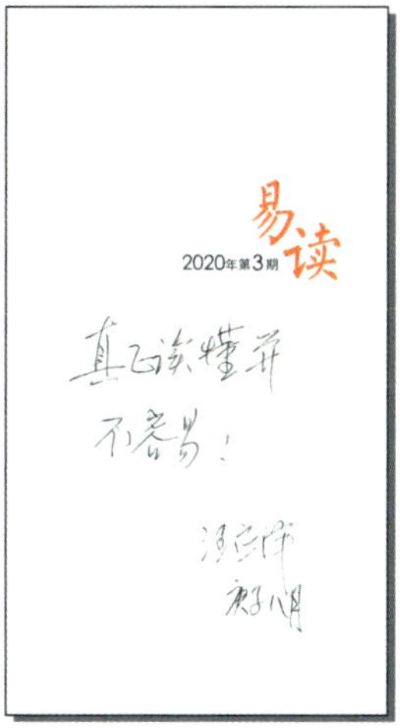

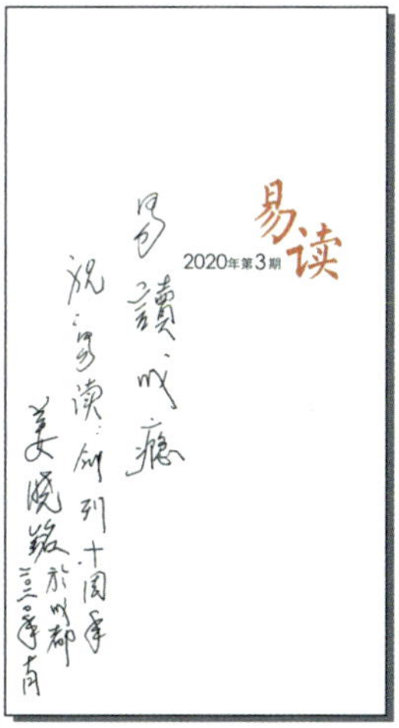

《易读》是我拿到必读的行业期刊。因为它有图书馆人的专业态度，以及对阅读的好奇心，这个好奇心和比较活泼，美丽，以至于整本《易读》都有一种阅读的经营与静谧之感！

2020年9月4日

走进图书馆，

走近《易读》，

享受有书相伴的日子！

——《易读》作者周洋

2020年8月25日

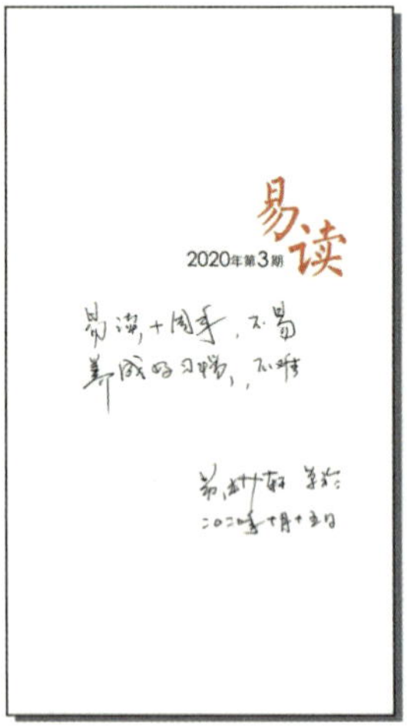
2020年第3期

易读

易读十周年，不易

养成的习惯，不辞

2020年9月1日

2020年第2期

易读

读书可以使人虚心，通达，不偏执，不狂妄，我们能从中看到解决各种人生问题的方向。

李剑明

2020.8.11

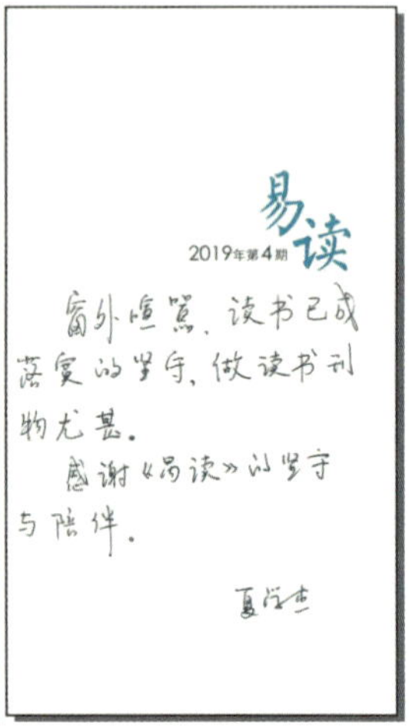
2019年第4期

易读

窗外喧嚣，读书已成落寞的坚守，做读书刊物尤甚。

感谢《易读》的坚守与陪伴。

夏学杰

十年同行，
不负遇见。
《易读》相伴，
如闻花香。
叶瑞芬
2020.8.31.

精致、品味、格调，
安静翻阅《易读》的时光，
特别的美好！
你的默默坚守，
是鼓舞更多人温暖前行
的温暖力量！
读者：何凡
2020.9.17

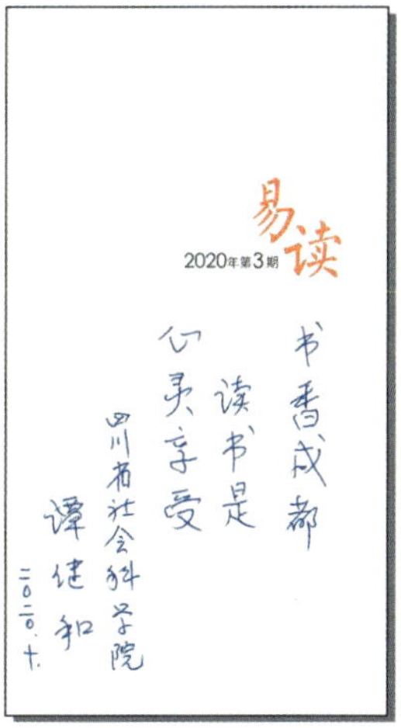

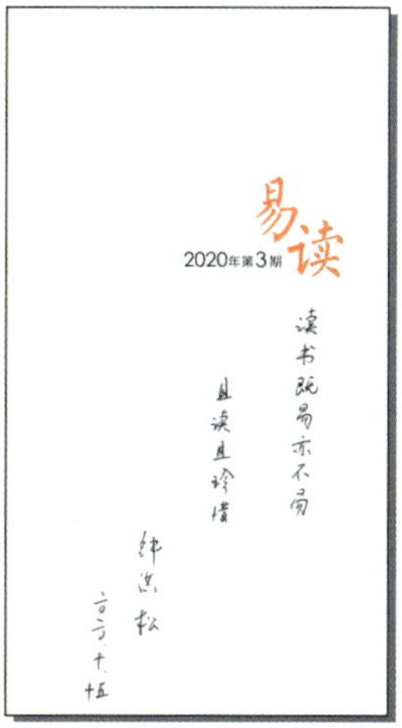

读完一期又盼下一期，让《易读》从季刊到双月刊，再到月刊吧。

熊华国

2020.8.30

十年《易读》，十年精彩，
以后往后更上一层楼；
阅读十年，提高十年，
展望未来与你再同行。
在异地在他乡在东园，
很有幸遇见你；
在书柜在床头在案上，
很高兴看到她。

——祝贺东莞图书馆《易读》创刊十周年

忠实读者、安徽电信退休员工

杨家顺

2020年8月27日

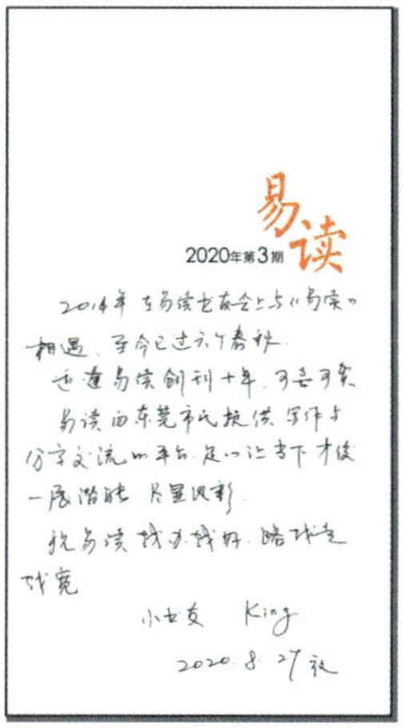
易读
2020年第3期
2014年在易读书友会上与《易读》相遇，至今已过六个春秋。
适逢易读创刊十年，可喜可贺。
易读为东莞市民提供写作与分享交流的平台，让我们这些草根才俊一展潜能，尽显风彩。
祝易读越办越好，路越走越宽。
小书友 King
2020.8.27 记

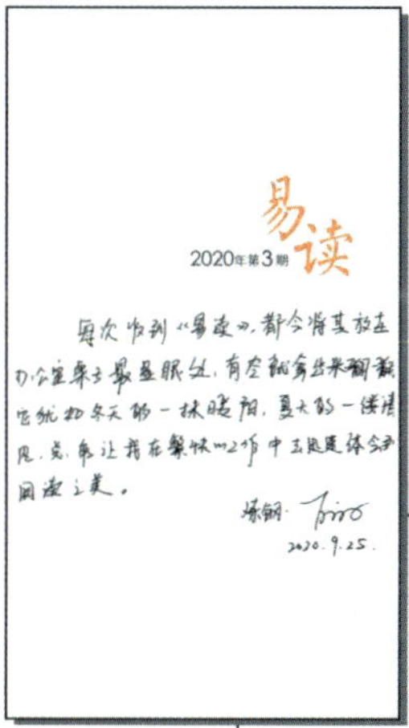
易读
2020年第3期
每次收到《易读》，都会将其放在办公室桌上最显眼处，有空就拿出来翻翻，它就如冬天的一抹暖阳，夏天的一缕清风，让我在繁忙的工作中去感受阅读之美。
陈钢
2020.9.25.

易读
2019年第2期
幸有《易读》宽吾心
直将功业惠苍生
徐朝光
2020.9.2

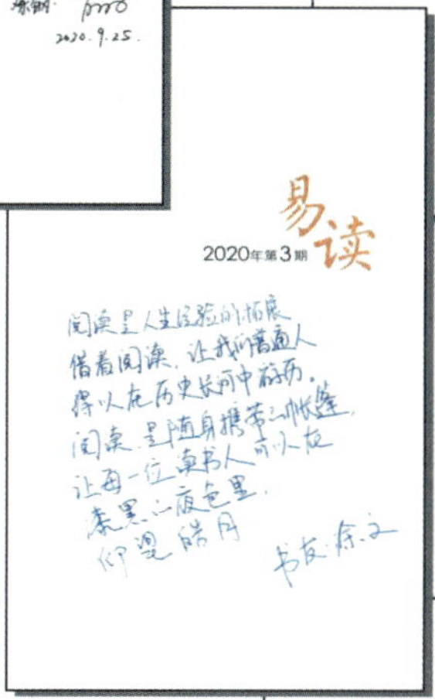
易读
2020年第3期
阅读是人生经验的拓展
借着阅读，让我们普通人
得以在历史长河中游历。
阅读是随身携带的帐篷，
让每一位读书人可以在
漆黑的夜色里，
仰望皓月
书友：余之

易读
2018年第4期

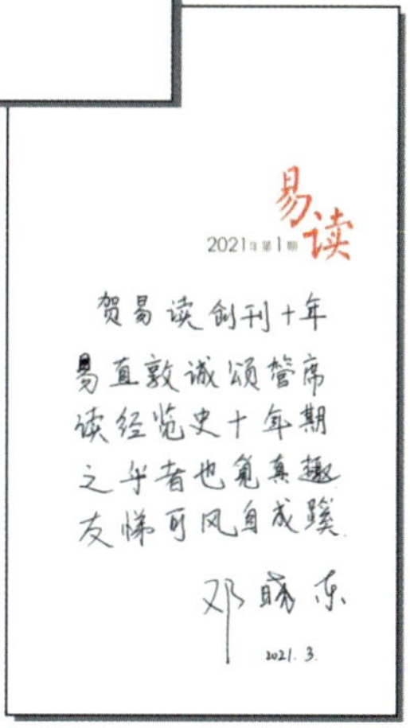
易读
2021年第1期
贺易读创刊十年
易直敦诚颂誉席
读经览史十年期
之乎者也觅真趣
友悌可风自成蹊
邓晓东
2021.3.

易读
2020年第1期

“易”起读书、品句、析词，深入文本现场，领略阅读的意蕴！

《易读》十周年，向您致敬，望越办越好，让书香日益浓厚！

赵莹

爱读书
乐生活
易读
2020年第3期

易读录

天涯何处觅芳草，
易读书会寻知音。
朗朗书声悦耳响，
精彩分享引共鸣。
只因一席真心话，
用心体会忆当年。

撰稿人：刘志江
二〇二〇年八月三十日

注：录——回忆录

易读
2020年第3期

东莞图书馆是我们的精神家园，《易读》是我们心中的精神坐标。

借此《易读》创刊十周年之际，祝越办越好！

启智读书会
二〇二〇年九月二十五日

易读
2019年第4期

十年相伴
感恩有你
祝越办越好！

——位书友

易读
2021年第1期

引领阅读新风尚，
感谢易读！

于丽萍
2021.3.20

易读
2020年第3期

本人是“易读书友会”粉丝，受益于书友会，始创作诗词，值《易读》创刊十周年之际，遂作诗一首以贺：

《易读》胜禅茶

白日多喧嚣，清宵觅静遐。
书中通世路，内里藏精华。
绿茗侵香扉，薰风入字花。
若然留细品，《易读》胜禅茶。

——张雪玲